Karin Neidhart

Auf die Bretter, fertig, los!

Theaterarbeit von der ersten Idee zum fertigen Stück:
Das Nachspielbuch für Kinder, Jugendliche
und Theaterbegeisterte

Karin Neidhart

AUF DIE BRETTER, FERTIG, LOS!

Theaterarbeit von der ersten Idee zum fertigen Stück:
Das Nachspielbuch für Kinder, Jugendliche
und Theaterbegeisterte

ibidem-Verlag
Stuttgart

Bibliografische Information der Deutschen Nationalbibliothek
Die Deutsche Nationalbibliothek verzeichnet diese Publikation in der Deutschen Nationalbibliografie; detaillierte bibliografische Daten sind im Internet über http://dnb.d-nb.de abrufbar.

Bibliographic information published by the Deutsche Nationalbibliothek
Die Deutsche Nationalbibliothek lists this publication in the Deutsche Nationalbibliografie; detailed bibliographic data are available in the Internet at http://dnb.d-nb.de.

Coverfoto: Rafael Krawczynski © Karin Neidhart

∞

Gedruckt auf alterungsbeständigem, säurefreien Papier
Printed on acid-free paper

ISBN-13: 978-3-8382-0478-9

© *ibidem*-Verlag
Stuttgart 2013

Alle Rechte vorbehalten

Printed in Germany

Inhaltsverzeichnis

Danksagung

Neben allen Würmern, die uns als Theater-AG-Leiter/innen immer wieder aufs Neue herausfordern, möchte ich auch folgenden realen Personen danken, ohne die dieses Buch nicht zustande gekommen wäre:

- Meiner Mama, Renate Neidhart, die auch nach der ersten Version dieses Buchs weiter an mich glaubte und mich auf die richtige Spur brachte. Mit Ausdauer in der Korrektur, vollem Einsatz und liebevoller Unterstützung hat sie wesentlich zur Fertigstellung meines Buchs beigetragen.

- Meinem Papa, Walter Neidhart, der erst durch seine unermüdliche Kunstförderung die Rahmenbedingungen für das Schreiben ermöglichte.

- Meinem Bruder, Paul Neidhart, der durch seine Attraktivität dieses ansprechende Cover ermöglichte.

- Meinem Freund, Sebastian Krawczynski, der, obwohl er noch keine Zeile dieses Buchs gelesen hat, mich in jeder Phase liebevoll und mit viel Geduld und gutem Essen unterstützte.

- Und natürlich allen Leiter/innen, Schüler/innen und großartigen Menschen, denen ich auf meinem Weg begegnen durfte und noch begegnen werde.

Vorwort

Ich widme diesen Leitfaden allen Holzwürmern, die es sich in den Brettern, die die Welt bedeuten, gemütlich gemacht haben und darauf warten, die nächste Vorstellung einer Theater AG in Rauch und Sägespäne aufgehen zu sehen. Diesen Holzwürmern gilt mein Dank, denn ohne sie wäre es nicht nötig, noch ein Buch im Bereich "Theaterpädagogik" zu Papier zu bringen. Jede offene Frage nährt einen dieser kleinen Würmer. Unsicherheit macht sie stärker. Und wenn das Chaos in einer Theater AG ausbricht, gibt's eine große Party mit Luftschlangen und Konfetti. Holzwürmer lieben Partys. Wir als Theatergruppenleiter sind dabei richtige Spaßbremsen. Wir wollen, dass unsere Teilnehmer / Schüler Spaß haben, dass sie motiviert und kreativ sind. Aus einer Idee entsteht ein Stück, das wir am Ende auf die festen Bretter unserer Bühne bringen und vom dem alle begeistert sind. Soviel zu dem, was wir wollen. Die Holzwürmer wollen noch immer Party. Und Konfetti. Deswegen verfolgen sie auch jeden Schritt unserer Kurse und nagen sich durchs Holz, sobald erste Probleme auftreten. Bei manchen Theater AGs, die ich in den Jahren meiner Tätigkeit gesehen habe, war so der Wurm drin, dass ich annahm, die kleinen Kerlchen hätten sich irgendwoher Motorsägen bestellt, so morsch war das Holz bereits. Lassen Sie deshalb nie unbeobachtet Werbeprospekte aus dem nächsten Baumarkt herumliegen. Besonders intelligente Würmer habe ich schon beim Ausfüllen eines Bestellscheines erwischt, und zwar genau in dem Moment, in dem mir die Leiterin ins Ohr flüsterte: "Ich habe keine Ahnung mehr, was ich machen soll."

Diesen Würmern sage ich mit diesem Buch nicht nur Danke, sondern auch den Kampf an. Ich will, dass Ihre Aufführung auf festen Brettern stattfindet. Das ist das Ziel meines Buches. Hauen Sie es den Würmern um die Ohren.

Einführung

Begrifflichkeiten

Schüler / Teilnehmer:

Die Verwendung beider Bezeichnungen erfolgt im Folgenden synonym. In der Regel schreibe ich aus der Position der Leiterin einer Theater AG, wobei die Hinweise 1:1 für eine freie Theatergruppe mit unterschiedlichen Teilnehmern übernommen werden können. Die Entscheidung für die Bezeichnung Schüler oder Teilnehmer bedeutet keine Einschränkung in der Anwendung der Hinweise.

KK (Kommentar Karin):

Mit dem Kürzel "KK" sind meine persönlichen Kommentare zu einzelnen Punkten gekennzeichnet. Achtung: Dieses Buch ist subjektiv. Es basiert auf meiner persönlichen Erfahrung. Meine Sichtweise kann anderen widersprechen, soll aber dennoch keine andere in Frage stellen. Meine Erfahrung und meine Meinung möchte ich Ihnen deshalb als Anregung und nicht als Gesetz zur Verfügung stellen. Freie und kreative Arbeit ist der Feind jener Würmer, die zu jeder Party im gleichen Outfit erscheinen, weil sie Cowboystiefel unheimlich schick finden.

Harte Fakten gegen weiche Würmer:
Optimale Voraussetzungen schaffen

1. **Gruppengröße:** Wenn Sie selbst die Anzahl der Teilnehmer bestimmen können, nehmen Sie nicht mehr als 15 auf. Mit dieser
   Anzahl haben Sie noch die Möglichkeit, das Chaos zu überblicken
   und jedem die Aufmerksamkeit zu geben, die er braucht. Ab 20
   Teilnehmern steht ganz klar Gruppenarbeit im Fokus. Übungen
   und Aufgaben werden in wechselnden Gruppen erledigt, und für
   das große Ziel, unser Stück, kann ich Ihnen nur einen Tipp geben:
   Chorisches Theater. Zu dieser Methode gibt es bereits sehr gute
   Literatur, die im Handel erhältlich ist. Für alle, die die Größe der
   Gruppe selbst bestimmen können: Maximal 15 Teilnehmer, denn
   jeder weitere versorgt unsere Würmer mit zusätzlichen Bestell-
   scheinen für Partyzubehör.

2. **Gruppenalter:** Dieses Buch ist für Teilnehmer ab 11 Jahren geeignet. Die Schüler sollten bereits fähig sein, strukturell zu denken,
   und sie sollten sich konzentrieren können. Mit jüngeren Kindern
   ist es noch nicht möglich, ein eigenes Stück zu entwickeln. Das
   geht nur, wenn Sie sich selbst mehrere Stunden an Ihren Schreib-
   tisch setzen und Ihrer eigenen Kreativität freien Lauf lassen. Unterstützung dürfen Sie von Ihren Schülern unter 11 Jahren definitiv
   noch nicht erwarten. Aber vielleicht hat einer der Würmer Lust,
   Ihnen tatkräftig zur Seite zu stehen.

   Altersunterschied innerhalb der Gruppe: Da Theater AGs zumeist
   von Schülern aus verschiedenen Klassen besucht werden, ist es
   wichtig, darauf zu achten, dass der Altersunterschied so gering wie
   möglich gehalten wird. Ich trenne meine Gruppen immer klar nach
   folgenden Altersstufen:

KURS I 3-6 Jahre: freie Spielgruppe (Kinderunterhaltung)

KURS II 7-10 Jahre: freies Theater-Spiel (Tier- und Märchenimpros)

KURS III 11-14 Jahre: Theaterspielen Basic (eigene Szenen / Stück)

KURS IV 15-19 Jahre: Theaterspielen Intensiv (Stück & Rollenarbeit)

Natürlich sollte besonders talentierten Kindern immer die Möglichkeit gegeben werden, in die nächsthöhere Gruppe aufzusteigen, wenn die Gruppe damit einverstanden ist. 9jährige haben sich oft problemlos in Kurs III integriert, während so manch talentierter 14jähriger aus Kurs III in Kurs IV verschüchtert in der Ecke stand. Sie müssen bei der Gruppenbildung sensibel vorgehen und immer zum Wohle ihrer Schüler entscheiden. In der falschen Gruppe ist das größte Talent verloren.

3. **Gruppenstruktur: alt, neu oder neu gemischt:** Es ist wichtig, darauf zu achten, welche Gruppe vor uns steht. Ist die Gruppe neu, oder kennen sich die Schüler bereits vom letzten Jahr aus der alten Theater AG? In beiden Fällen können Sie entspannt durchatmen. Neue Gruppen sind der Haupttreffer, weil sie keine vorgefertigten Erwartungen mitbringen und offen sind für alles Neue. Alte Gruppen haben bereits ihre Dynamik gefunden. Sobald sie sich auf Sie als neuen Leiter eingelassen haben, sollte das gemeinsame Arbeiten auch hier gut über die Bühne laufen.

Achtung bei neu gemischten Gruppen: Meistens werden Schüler aus der alten Theater AG mit neuen, oft Schauspiel-Anfängern gemischt, weil das Schulsystem keine andere Lösung zulässt. Diese Konstellation enthält immer viel Konfliktpotenzial. Hier sind Sie als Leiter besonders gefragt. Die 'Alten' wollen weiter lernen und an die ersten Erfolge anknüpfen, während die 'Neuen' bereits beim ersten Aufwärmspiel vor lauter Überforderung in Panik ausbrechen.

Mein Tipp: Teilen Sie!

Nutzen Sie die ersten Einheiten dazu, die 'Alten' mit der verantwortungsvollen Aufgabe eines Co-Leiters vertraut zu machen und die 'Neuen' darin zu bestärken, dass sie auch als Anfänger eine Bereicherung für die Gruppe sind. Lassen Sie die 'Alten' als Co-Leiter z.B. die Aufwärmübungen anleiten. Damit werden sie in ihrer Position als erfahrenere Spieler bestätigt. Sie verhindern bei Ihren Schülern Gefühle wie Langeweile oder Überforderung. Wenn Sie das schaffen, werden die Würmer ihre Partyhütchen wieder abbestellen.

4. **Zeitraum:** Rein rechnerisch dauert ein Schuljahr 28 Wochen, die tatsächlich 'sinnvoll' (im Sinne des Lehrers) genutzt werden können. Als Theater-AG-Leiter werden Sie feststellen, dass sich 28 Wochen als utopische Fantasie herausstellen werden. Sie sollten mit quasi-realistischen 20 Einheiten à 90 Minuten rechnen, in denen alle Teilnehmer, Sie eingeschlossen, auch tatsächlich anwesend sind. Ja, auch Sie dürfen noch Träume haben. Je weniger Zeit Sie zur Verfügung haben, desto mehr müssen Sie als Theater-Leiter aktiv eingreifen. Folgende einfache Gleichung dürfen Sie sich dazu an die Wand pinnen:

Geringere Stundenanzahl = mehr selbstständiges Arbeiten (für SIE!)

Geringere Stundenanzahl + KEINE selbstständige Arbeit (durch Sie) = VIVA Wurm-Vegas

Der Inhalt dieses Buches kann in einer Zeitspanne von 30 Stunden optimal umgesetzt werden. Diese Zeitvorgabe sollten Sie auch einberechnen, wenn Sie als Theatergruppenleiter in einer externen Einrichtung tätig sein möchten. Haben Sie jedoch wesentlich weniger Zeit zur Verfügung (< 20 Stunden), sollten Sie sich mit Ihrer Gruppe auf kleine Szenen konzentrieren, die von den Schülern selbst entwickelt werden können.

Lieber großer Erfolg mit kleinen Szenen als kein Erfolg mit großem Stück.

Wichtig: Überschlagen Sie bereits vor dem Beginn Ihrer Tätigkeit, wieviel Zeit Ihnen ungefähr zur Verfügung steht und welches Ziel in dieser realisiert werden kann.

5. **Räumlichkeiten:** Nicht jede Schule verfügt über eine eigenen Bühne, einen Theaterraum oder eine freie Aula. Für die Proben ist das kein Problem: Einfach in einem Klassenzimmer die Tische an die Wand stellen und an einer Klassenseite ca. 3 mal 3 Meter Platz als Bühne schaffen. Denn wie heißt es so schön: Theater findet Platz in der kleinsten Hütte. Für die Aufführung selbst sollte es dann schon eine Bühne sein, damit unsere Schüler das Gefühl bekommen, echtes Theater als echte Schauspieler auf einer echten Bühne zu spielen.

6. **Eigenes Stück vs. fertiges Stück:** Diese Entscheidung sollte spätestens in der fünften Einheit getroffen werden. Bis dahin haben die Schüler Zeit, sich als Gruppe kennenzulernen und erste Szenen selbst zu entwickeln. Während manche Gruppen vor Kreativität kochen, köcheln andere Gruppen nur vor sich hin und sind glücklich über ein Päckchen Fertigsuppe. Auch die Umsetzung eines fertigen Stücks kann den Schülern viel Freude machen und gibt genug Raum für eigene Kreativität.

   Überlassen Sie diese Entscheidung Ihren Schülern!

Fertiges Stück: Im Internet lassen sich viele gute Stückvorlagen finden, wie z.B. aus dem Impuls-Theaterverlag Buschfunk, www.buschfunk.de. Mit diesen Vorlagen können Sie der Entscheidung 'Fertiges Stück' entspannt gegenüberstehen.

Eigenes Stück: Na dann, los geht's … 3 … 2 …

… Schnell-Check:

- ❑ Gruppengröße max. 15 Schüler?
- ❑ Gruppenalter ab 11 Jahre?
- ❑ Optimale Altersmischung? Kurs III oder Kurs IV?
- ❑ Gruppenstruktur klar?
- ❑ Mindestens 30 Stunden Zeit?
- ❑ Entscheidung für eigenes Stück?

…. LOS!!

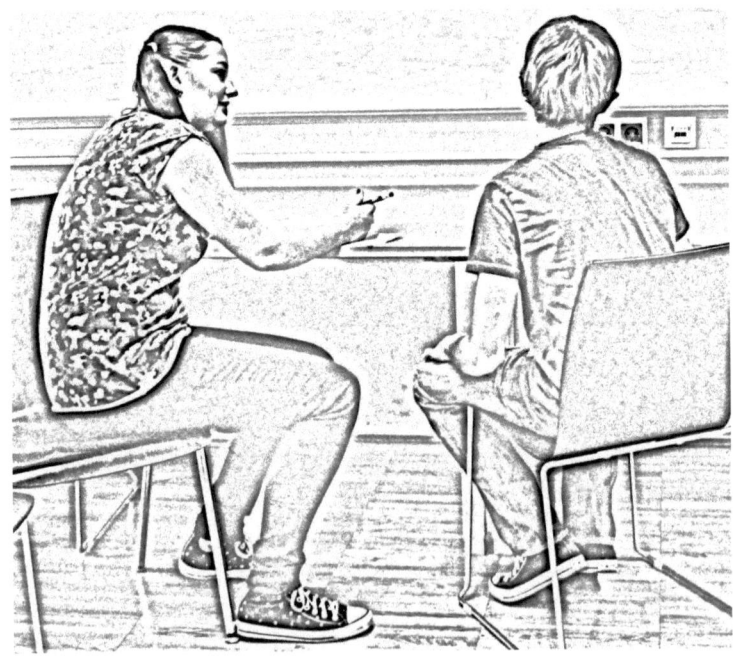

Kapitel 1: Start – die ersten Stunden (Einheit 1 – 3)

Für die ersten Stunden habe ich eine Auswahl an Spielen und Übungen zusammengestellt, die ich in meinen Kursen immer wieder gerne verwende. Dabei müssen Sie sich nicht bemüßigt fühlen, auch tatsächlich alle Übungen in Ihren Unterricht einzubauen. Sie dürfen das natürlich, aber bitte *nicht alle Übungen aus einem Bereich in einer Einheit.* Das kann schnell langweilig und frustrierend werden.

Wenn Sie sich damit überfordert fühlen, dürfen Sie gerne meine Beispielstunde am Ende dieses Kapitels 1:1 übernehmen. Kopieren ist ausdrücklich erlaubt und erwünscht. Ich möchte Ihnen helfen, Ihre Einheiten so gut wie möglich "über die Bühne" zu bringen, um den Würmern Schritt für Schritt den Boden unter den Füßen wegzuziehen.

In diesem Sinne: Packen wir's an!

Der Stuhlkreis	Alle	Einstieg / Konzentration	max. 10 Minuten

Ich beginne jede Stunde mit dem sogenannten Stuhlkreis. Jeder Schüler schnappt sich einen Stuhl und nimmt damit im Kreis Platz. In der ersten Stunde nutze ich diese Anordnung dafür, selbst ein erstes Gefühl für meine Gruppe zu bekommen. Ich eröffne den Kreis mit einer persönlichen Vorstellung, um meinen Schülern die Angst vor dem Neuen zu nehmen. Neben dem eigenen Namen und wichtigen Infos wie "Ich habe eine Katze, die Karfiol liebt", sollte jeder Leiter nicht vergessen zu erwähnen, was ihn überhaupt dazu befähigt, diese Gruppe zu leiten. Besonders wenn Sie Deutsch- oder Englischlehrer sind und plötzlich als Leiter der Theater AG vor den Schülern sitzen, können Sie durch kurze Anmerkungen wie "Im letzten Jahr habe ich die Zusatzausbildung Theaterpädagogik in Buxtehude abgeschlossen" relativ schnell Ihre Position klar definieren. Außerdem wirken Sie damit Vorurteilen ("Fr. Lehrerin X hat's mit Deutsch versucht, jetzt probiert sie sich im Theaterspielen!") gezielt entgegen.

Nachdem sich alle vorgestellt haben, formuliere ich mein Ziel für diese Stunde: "Heute ist unser Ziel, dass wir uns kennenlernen und erste Schritte im Schauspiel ausprobieren." Diese Ziel-Formulierung behalte ich, ebenso wie den Stuhlkreis, für den Beginn jeder weiteren Stunde bei. Ab der zweiten Stunde ergänze ich mein Ziel zusätzlich noch mit einer kurzen Zusammenfassung der letzten Stunde, z.B.: "In der letzten Stunde haben wir Übungen aus dem Bereich Schauspiel ausprobiert, heute wollen wir uns an erste Szenen heranwagen." Das hilft nicht nur den Schülern, sondern auch mir als Lehrkraft, meine Gedanken zu sortieren und mich auf die Stunde einzustellen.

Neben dem Tagesziel formuliere ich in der ersten Stunde ganz bewusst bereits mein Jahres-Ziel für die Gruppe: "Wir werden im Laufe des kommenden Jahres gemeinsam ein Stück selbst erfinden und entwickeln, proben und öffentlich aufführen." Dadurch vermittle ich den Schülern das Gefühl, dass ich weiß, was ich will, und vor allem: was ich von und mit ihnen will. Vertrauen in mich als Leiterin und meine Fähigkeiten kommen so automatisch.

Unter uns gesagt: Natürlich habe ich zu diesem Zeitpunkt nicht die geringste Ahnung, wie und ob ich mein Ziel überhaupt erreichen werde, aber wie heißt es so schön: tarnen und täuschen!

Wenn ich das Gefühl habe, dass ich die erste Kontaktaufnahme erfolgreich gemeistert habe, übergebe ich das Wort meinen Schülern. In dieser ersten Stunde möchte ich von ihnen, neben ihrem Namen, gerne wissen, *warum* sie diesen Kurs besuchen und was *ihre Erwartungen* sind. Diese Informationen sind für mich überlebenswichtig und richtungsweisend für das kommende Jahr.

Antworten z.B. 80 Prozent auf die Frage, warum sie hier sind, mit: "Meine Eltern wollten, dass ich was Kreatives mache!", ist eines klar: Das kommende Jahr wird kein Honigschlecken. Auch mit den Erwartungen verhält es sich ähnlich. Allerdings kann ich hier an dieser Stelle alle beruhigen, die bereits jetzt erste Anzeichen von Panik verspüren. Die meisten Schüler antworten auf diese Frage kurz und bündig: "Lustig soll's sein!" Damit wird man als Kursleiter zum Animateur befördert, der nur ein Ziel vor Augen hat: Spaß!

Ehrlich gesagt, ist alles andere in einer Theater AG auch nebensächlich. Das Ziel ist es, mit Spaß, Enthusiasmus und jeder Menge guter Nerven gemeinsam ein Stück zu schaffen.

Hat man die erste Einheit überstanden, kann der Stuhlkreis auch gerne für kurze Plaudereien mit den Schülern über allgemeine Befindlichkeiten genutzt werden. Die Runde soll den Schülern die Möglichkeit geben, den Schulalltag hinter sich zu lassen, kurz abzuschalten und Energie zu tanken. Außerdem können wir unsere Schüler so besser kennenlernen.

Wir sind von der Befindlichkeit unserer jungen Akteure abhängig und haben dafür zu sorgen, dass es ihnen gut geht. Anderenfalls haben wir keine Chance, dieses Projekt zu einem glücklichen Ende zu bringen. Natürlich dürfen wir uns ihren Launen nicht hilflos ausliefern. Wir sind die Leitung. Wir haben im Notfall die letzte Entscheidung. Mit diesen Gedanken im Hinterkopf wünsche ich Ihnen TOI TOI TOI für Ihr Projekt, viel Spaß und tolle, positive Erfahrungen mit meinem Buch.

1.1 Das Kennenlernen mit Namensspielen

Vor allem bei Gruppen, in denen die Schüler neu zusammengewürfelt sind, empfiehlt es sich, die ersten 2-3 Stunden mit einem der sogenannten "Namensspiele" zu beginnen. Dadurch werden die Namen geläufig und das erste Eis ist gebrochen. Ich bin immer wieder erstaunt, wenn ich in einer bereits bestehenden Theater AG einen Workshop halte und feststellen muss, dass ich nicht die einzige Person bin, die keinen der Namen der Teilnehmer kennt. Ich muss an dieser Stelle zugeben, dass ich eine gewisse Ähnlichkeit zwischen meinem Namensgedächtnis und einem Sieb nicht abstreiten kann. Namen sind für mich wie Schall und

Rauch. Mittlerweile ist diese Tatsache auch bis zu meinen Schülern vorgedrungen, was einen großen Vorteil mit sich bringt: Ich darf in meinen Kursen jederzeit ein Namensspiel vorschlagen, das dann mit (ausgezeichnet gespielter) Begeisterung von meinen hilfsbereiten Schülern für mich "gespielt" wird. Besonders in Momenten allgemeiner Ratlosigkeit, wie sie jeder Leiter früher oder später erfahren wird, leistet mir dieser akzeptierte Lückenfüller unbezahlbare Dienste.

Drei Beispiele für Namensspiele, die das Sieb sehr gut stopfen:

Die glorreiche Vorstellung	Alle	Spaß / Kreativität	ca. 10 Minuten

Alle stehen im Kreis. Jeder stellt seinen jeweils linken Partner mit Namen und einer Besonderheit vor, die positiv und lustig formuliert ist. Um Beleidigungen gleich im Keim zu ersticken, gebe ich immer den ersten Satz vor, z.B.: "Das ist … (meistens muss ich mich an dieser Stelle noch mal kurz nach dem Namen erkundigen) … Martin, und Martin ist Weltmeister im Kuchenessen." Nachdem jeder im Kreis mit seiner Besonderheit vorgestellt wurde, kann man ein Spiel daraus machen: Sp 1 zeigt auf jemanden (Sp 2) im Kreis, nennt dessen Namen und Besonderheit. Sp 2 zeigt auf jemand anderen usw.

Wahrheit & Lüge	Alle	Spaß / Koordination	ca. 10 Minuten

Alle stehen im Kreis. Einer nach dem anderen stellt sich mit seinem Namen und einer Wahrheit vor. Z. B.: "Ich heiße Karin und liebe Karotten." Nachdem jeder seinen Satz gesagt hat, nennt der Spielleiter nach Zeigen auf eine bestimmte Person deren Namen und Vorstellungssatz. Die genannte Person zeigt danach auf eine neue Person, nennt deren Namen und Satz usw. Jeder sollte mindestens einmal dran kommen. In Runde 2 kommt zum Namen und der Wahrheit noch eine Lüge dazu. Wird auf jemanden gezeigt, müssen beide Sätze genannt werden. Z.B.: "Das ist

Karin, sie liebt Karotten und arbeitet auf den Bahamas als Schwimmleh-rerin für Schweine."

KK: Für diese ersten zwei Übungen müssen Sie den Animateur in sich wecken. Mit viel Energie und Spaß können Sie sich gegen Sätze wie "Mir fällt nichts ein" oder "Was soll ich denn da sagen?" wappnen. Ihre Schü-ler sind nicht unkreativ, sie sind nur schüchtern und haben Angst, etwas Falsches zu sagen, für das sie ausgelacht werden könnten. Jede Idee ist toll und richtig. Mein Standardsatz in solchen Situationen, wenn die Angst das Gehirn blockiert: "Es gibt kein falsch. Sag das erste, was Dir einfällt, und das stimmt!"

Gefängnis & Wärter	Alle	Spaß / Aktivität / Bewegung	ca. 10 Minuten

Man geht zu zweit zusammen und stellt sich so in den Kreis, dass einer vorne und der andere dahinter steht. Auf diese Art entstehen ein Innen- und ein Außenkreis. Eine Person steht alleine = Gefängnisdirektor. Alle Spieler im Innenkreis sind Gefangene, die von ihrem Hintermann = Wär-ter gefangen gehalten werden. Der Direktor darf durch das Rufen des Namens eines Gefangenen diesen 'befreien'. Dieser Gefangene muss, sobald er seinen Namen hört, versucen, zum Direktor zu gelangen. Der Wärter hat die Aufgabe, seinen Gefangenen durch Halten an den Schul-tern daran zu hindern. Bis der Name ihres Gefangenen gerufen wird, müssen alle Wärter ihre Hände am Rücken verschränken. Konnte sich ein Gefangener befreien, wird er zum neuen Wärter des ehemaligen Di-rektors, und der Wärter, der nun alleine steht, wird neuer Direktor und darf einen neuen Gefangenen befreien.

KK: Dieses Spiel erfreut sich bei allen Altersgruppen größter Beliebtheit. Um Verletzungen und allzu großem Aktionismus entgegenzuwirken, sollte die Anmerkung nicht fehlen: "Festhalten ist nur an den Schultern erlaubt, daher: kein Würgen, Bein stellen oder K.o.-Schlagen!" Danach lachen die Schüler, aber hätten Sie es nicht gesagt, würde nach spätes-tens zwei Minuten der erste am Boden liegen, garantiert.

1.2 Warm-up

Da stundenlanges Sitzen in der Schulbank Körper und Gehirn ermüdet, können Warm-up-Übungen weder den Schülern noch uns Leitern schaden. Es wäre für diese Übungen natürlich von Vorteil, wenn der Leiter den Eindruck erwecken könnte, er wäre fitter als seine Schüler. Sollte das einmal nicht der Fall sein, würde ich anstelle der Körperübungen lieber gleich den Fokus auf die sogenannten Warm-up-Spiele legen. Obwohl ich in jeder Stunde die Wichtigkeit des Warm-ups erwähne, um meine motivierten Schüler in Bewegung zu versetzen, gibt es auch bei mir Tage, an denen spontan Warm-up-Spiele wichtiger werden. Wir Leiter müssen in jeder Lebenslage absolut flexibel bleiben. Zwischendurch auch einfach nur mal so, um uns selbst etwas Gutes zu tun.

Ein Punkt aus dem Bereich Warm-up ist bei mir aber normalerweise in jeder Stunde dabei. Die Schüler sollen vom Gehirn wieder in ihren Körper finden. Wenn wir uns bewegen, bekommt unser Gehirn mehr Sauerstoff, und wenn unser Gehirn mehr Sauerstoff hat, können wir besser denken, deshalb: Bewegt eure Schüler.

KK: Ich probiere gerne alle Spiele aus diesem Bereich in verschiedenen Einheiten aus, um auch das Warm-up abwechslungsreicher zu gestalten. Sobald ich merke, dass meine Schüler gewisse Übungen nur mehr unter größtem Protest und Jammern absolvieren, werden diese von mir entfernt – die Übungen, nicht meine Schüler. Die muss ich ja weiterhin animieren und motivieren. Um mich selbst nicht unnötig zu quälen, dürfen meine Schüler zwischendurch auch eigene Warm-up-Spiele vorschlagen, die sie z.B. aus dem Turnunterricht kennen. Damit bin ich aus der Schusslinie. Und ausnahmsweise darf mal jemand aus den eigenen Reihen für seinen Vorschlag aus tiefstem Herzen und mit ganz viel Gefühl auf den Mond gewünscht werden.

Den Körper ausdrehen	Alle	Lockerung / Aufwärmen	ca. 10 Minuten

Alle stellen sich im Kreis auf. Der Kursleiter ist, wie im Turnunterricht, der 'Vorturner'. Als erstes hebt man das linke Bein (Tipp: Das rechte Bein bleibt am Boden, sonst fällt man um) und kreist *nur den linken Fuß* – 5mal links, 5mal rechts. Der restliche Körper bleibt dabei unbewegt. Als nächstes wird das Bein ab dem Knie bis zum Fuß gedreht, sozusagen der gesamte *linke Wadenbereich*. Um das Knie zu fixieren, kann unterstützend die linke Hand auf das Knie gelegt werden. 5mal nach links und 5mal rechts kreisen. Dann wird *das ganze linke Bein* ab der Hüfte so gut wie möglich gekreist. In diesem Stadium Achtung vor unerwarteten Stühlen oder Tischen, die plötzlich hinter einem auftauchen können.

Wenn man mit links fertig ist, wird das gleiche mit dem *rechten Bein* wiederholt. Bitte hierbei beachten, dass man beim Anheben des rechten Beines unbedingt das linke Bein am Boden lassen sollte. Wurde das rechte Bein ausgiebig gekreist, sollten beide Beine abwechselnd ausgeschüttelt werden.

Jetzt kommt *die Hüfte* dran. Sie wird 5mal nach links und 5mal nach rechts gekreist. Sollten Sie unter Ihren Schülern besondere Bewegungstalente feststellen, kann das Kreisen der Hüfte auch in Einzelschritte unterteilt werden: In Schritt eins knicken wir mit der Hüfte nach links, dann Becken nach vorne, wir knicken rechts und strecken anschließend den Hintern hinaus. Nach dieser Anweisung sollten selbst die talentiertesten Gruppenmitglieder bemerkt haben, dass man die Hüfte tatsächlich kreisen kann, ohne einen irreparablen Schaden davon zu tragen.

Von der Hüfte geht es weiter zum *Brustkorb*. Das Kreisen des Brustkorbes erfordert allerdings einige Übung und ist zum Vorzeigen nur zu empfehlen, wenn Sie als Übungsleiter eindeutige Beweise haben, dass Sie Ihren Brustkorb auch tatsächlich kreisen können. Das betont angestrengte Vor- und Zurückschieben Ihrer Schultern wird von den wenigsten Schülern als "Kreisen des Brustkorbs" akzeptiert. Im Falle des Falles weiter mit den Armen, das kann wieder jeder.

Zuerst wird *der linke Arm* nach vorne und hinten geschwungen. Die Bewegung wird soweit forciert, dass oberhalb des Kopfes der Punkt erreicht wird, an dem der Arm wie von selbst in eine Kreisbewegung übergeht. Genau, jetzt wird der ganze Arm gekreist. Wir beschleunigen das Tempo, bis wir ein leichtes Ziehen in den Fingerspitzen spüren, um dann die Kraft aus der Bewegung zu nehmen. Der Arm darf entspannt ausschwingen und zur Ruhe kommen. Dann das gleiche mit dem *rechten Arm*. – Schwingen, schwingen, Punkt erreichen, kreisen, kreisen, locker lassen, ausschwingen, Ruhe geben.

Wenn Sie besonders Eindruck schinden möchten: Linken Arm nach vorne und rechten Arm nach hinten kreisen. Nach drei ganzen Kreisen die

Richtung wechseln. Eventuell vorher üben. Das ist eine tolle Übung, um beide Hälften des Gehirns zu fordern.

Zum Schluss wird *der Kopf* vorsichtig und langsam gedreht. Hier bitte unbedingt darauf achten, dass hastige und ruckartige Bewegungen vermieden werden, nach dem Motto: Gebt dem Hexenschuss keine Chance. Also vorsichtig den Kopf auf den Brustkorb legen, Nacken entspannen, Kopf nach links hängenlassen, den Kopf weiter in den Nacken bringen und in dieser Position unbedingt den Mund öffnen. Bei geschlossenem Mund könnte der Hals überdehnt werden. Dann den Kopf auf die rechte Seite bringen, hängenlassen und langsam ins Kreisen übergehen. 5mal nach links und 5mal nach rechts.

Zum Abschluss dreimal hüpfen und den ganzen Körper dabei ausschütteln.

KK: Ich finde es immer amüsant, wenn meine Schüler bereits nach dieser Übung jammern, wie viel sie sich schon bewegt haben. Selbst nur auf einem Bein zu stehen stellt viele Schüler vor eine unüberwindbare Schwierigkeit. Hier gilt: Dranbleiben wie ein Turnlehrer und das eigene Schnaufen gekonnt überspielen.

Dehnen und Strecken	Alle	Lockerung / Wachmacher	ca. 5 Minuten

Bei dieser Übung wird der Körper gelockert. Während dieser Übung darf nach Herzenslust gegähnt werden. Sämtliche Geräusche und Gefühlsäußerungen sind erlaubt. Die Schüler dürfen hier mal "alles raus lassen". Damit unser Gehirn nicht ganz abschaltet, verbinden wir diese Übung mit einer kleinen Imagination, während unsere Beine fest im Boden verwurzelt sind:

Wir stellen uns vor, wir stehen unter einem Apfelbaum. Die Zweige über uns sind voll von roten, reifen Äpfeln. Natürlich wollen wir einen dieser *Äpfel* erreichen und strecken unsere Arme und den ganzen Körper so weit wie möglich nach oben. Wir stellen uns auf die Zehenspitzen und strecken uns noch weiter. Dummerweise scheint der Baum mit uns zu wachsen, denn was wir auch unternehmen, die Äpfel erreichen wir nie. Nachdem wir mindestens 5mal versucht haben, die Äpfel zu erreichen, wird's uns zu blöd, und wir entscheiden uns spontan dafür, mit der Schnur, die sich (plötzlich) vor uns befindet, einen großen Wagen voll mit *Schokolade* zu uns zu ziehen. Leider ist der Wagen viel zu schwer, sodass wir nach 5 Versuchen das Vorhaben wieder aufgeben, denn es gibt ja noch den Fischteich am Boden vor uns. Mit aller Kraft versuchen wir nun, die *Fische* im Teich zu erwischen. 5 Versuche haben wir auch hier. Erst beim fünften Versuch ist unser Strecken und Recken erfolgreich, und wir ziehen einen Fisch aus dem Wasser. Was mit diesem Fisch passiert, darf jeder Schüler für sich selbst entscheiden.

KK: Einige intelligente Schüler, die mit vollster Hingabe sämtliche Imaginationsübungen boykottieren, werden sich auch bei dieser Übung nicht lange bitten lassen. Bei ihnen werden die Äpfel vom Baum fallen, oder es fällt gleich der ganze Baum um. Schokolade wird prinzipiell abgelehnt, und die Fische werden heldenhaft mit einem Stein erschlagen. Diese Schüler werden ihre ganze Kreativität darauf verwenden, Ihre Anweisungen zu umgehen. In diesem Fall hilft nur eines: Mitspielen, aber nach Ihren eigenen Regeln!

Die Äpfel fallen vom Baum? "Na, dann versuche doch mal, sie so schnell wie möglich aufzusammeln!" Schokolade ist doof? "Was hast Du denn lieber? Pudding? Na, dann ziehe den Pudding zu Dir!" Und Fische müssen erschlagen werden? Dann los. "Wie viele Fische kannst du denn in einer Minute erschlagen?" Mit dieser Taktik bewegen sich die boykottierenden Schüler mehr als alle anderen. 1 zu 0 für Sie.

Ausschütteln	Alle	Energie / schneller Wachmacher	ca. 5 Minuten

Gute Übung für zwischendurch, bringt schnell Energie. Die Reihenfolge der zu schüttelnden Gliedmaßen bleibt immer die gleiche, allein die Anzahl der Schüttler verringert sich von Runde zu Runde. Beginnend mit der Schütteleinheit 5 werden zuerst der linke Arm, dann der rechte Arm, dann das linke Bein, dann das rechte Bein und zum Schluss die Hüfte (abwechselnd links/rechts) ausgeschüttelt. Bevor Sie zu lange darüber grübeln, wie man denn die Hüfte ausschütteln könnte: einfach nach rechts und dann wieder nach links knicken und schon ist sie geschüttelt, nicht gerührt. In Runde 2 wird nur mehr 4mal, dann 3mal, 2mal und als fulminanten Abschluss nur mehr 1mal geschüttelt. Die Schüler dürfen gerne laut und kräftig mitzählen. Voller Körpereinsatz, volle Energie.

| Körper aushängen | Partnerübung | Entspannen / Lockerung | ca. 15 Minuten |

Wir gehen zu zweit zusammen. Ein Schüler (Sp 1) steht dabei vor dem anderen (Sp 2). Der Hintermann (Sp 2) beginnt langsam vom obersten Punkt des Kopfes von Sp 1 mit Zeige- und Mittelfinger die Wirbelsäule seines Partners hinunter zu wandern. Dort, wo nun Sp 1 die beiden Finger spürt, beginnt er, den Körper nach unten zu rollen. Zuerst wird der Kopf bis zum Brustkorb gebracht. Dann wird die Wirbelsäule Wirbel für Wirbel Richtung Boden abgesenkt, bis der gesamte Oberkörper locker nach unten hängt. Der 'Spaziergang' der Finger ist beim Steißbein beendet. Sp 2 kontrolliert nun, ob der Kopf im Nacken locker hängt und nicht gehalten wird. Jetzt beginnt Sp 2 locker den Rücken von Sp 1 mit den flachen Händen abzuklopfen. Nach dem Rücken kommen die Arme und danach die Beine dran. Dafür verwendet man beide Hände gleichzeitig, ganz so, als wenn man klatschen würde. Sp 1 hängt während des Abklopfens weiterhin entspannt, bis er die Finger von Sp 2 wieder auf seinem Steißbein spürt. Nun bringt Sp 2 Sp1 zurück in die aufrechte Position, indem er langsam mit Zeige- und Mittelfinger die Wirbelsäule Wirbel für Wirbel nach oben geht. Steht Sp 1 aufrecht, bekommt er noch eine kurze Schultermassage von Sp 2, um die Schultern auch im Stehen zu lockern und zu erden. Anschließend werden die Rollen getauscht.

KK: Einige Schüler haben zu Beginn Berührungsängste. Je natürlicher Sie damit umgehen, umso normaler wird es auch für Ihre Schüler. Zuschauen gilt nicht. Jeder kommt dran, und wenn es sich von der Zahl her nicht ausgeht, übernimmt der Leiter auch mal den Part des 'Abklopfers'. Ich persönlich verzichte danach aber auf einen Wechsel mit dem Kommentar: "Vielen Dank, aber ich muss schauen, dass die Übung von den anderen auch richtig ausgeführt wird." In erster Linie geht es aber darum: Ich bin der Leiter und möchte weiterhin die Kontrolle haben. Außerdem bin ich während eines Kurses unfähig, mich auch nur eine Minute zu entspannen – erst recht nicht, wenn ein Schüler auf mir herumklopft.

1.2.1 Warm-up-Spiele

Warm-up-Spiele fördern das Gruppengefühl und bringen viel Spaß zum Einstieg in eine Stunde. Bei Bedarf kann das reine Warm-up durch aktive Spiele ersetzt werden. Hauptsache, der Körper wird warm und es macht Spaß.

Nick-Kreis	Alle	Bewegung / Reaktion	ca. 10 Minuten

Alle stehen im Kreis, ein Spieler steht in der Mitte. Die Spieler im Kreis müssen nun ihre Plätze tauschen, indem sie sich zunicken und loslaufen. Der direkte linke oder rechte Nachbar darf nicht gewählt werden. Dabei ist besonders auf die Mitspieler zu achten, die zur selben Zeit wechseln wollen. Es sollten immer nur maximal zwei Paare in Aktion sein, sonst bricht Chaos aus, das im besten Fall darin endet, dass alle Spieler gleichzeitig in der Mitte zusammenstoßen. Der Mittelmann hat nun die Aufgabe, eine Lücke im Kreis zu entdecken, um sich dort, bevor der Tauschende den Platz erreicht hat, hineinzustellen. Derjenige, der übrig bleibt, ist nun der neue Mittelmann.

KK: Eines meiner Lieblingsspiele, bei dem ich in der ersten Runde immer als Mittelmann starte. Die Schüler verlieren die Scheu und ich vertrete ganz eindeutig die Position: Ich spiele gerne mit Euch.

Alle stehen im Kreis. Die Maus startet in Runde 1 beim Kursleiter. Das bedeutet: Ich halte eine imaginäre Maus in meiner Hand und gebe das Kommando: "Ich habe hier die Maus. Wie soll sie heißen? Charly? Also, wenn ich Charly am Boden absetze, läuft er unter unseren Beinen im Kreis. Damit das Spiel nicht gleich zu Ende ist, müssen wir was tun? Richtig, unsere Beine heben bzw. hüpfen, damit Charly unter uns hindurch laufen kann!" Sie ahnen es bereits, was zu 99% bereits in der ersten Runde passiert? Ein besonders lustiger Schüler hüpft mit dem beherzten Ausruf "TOT!" auf die Maus. Wäre es eine normale Maus, wäre das Spiel zu diesem Zeitpunkt bereits vorbei. Aber da normalerweise alle anderen gerne weiterspielen würden, wird Charly kurzerhand wiederbelebt und das Spiel fortgesetzt.

Charly läuft also unter unseren Füßen *im Uhrzeigersinn* durch den Kreis. Das heißt: Alle Spieler hüpfen nacheinander hoch, dass es so aussieht, als würde die Maus im Kreis laufen. In Runde 2 kommt die hysterische Hausfrau dazu, die durch den Aufschrei "Iiih" oder wahlweise "Ahhh" und das Hochreißen der Arme dargestellt wird. *Die Hausfrau*, nennen wir sie *Agathe*, wird *gegen den Uhrzeigersinn* weitergegeben bzw. dargestellt. Maus und Hausfrau werden kombiniert.

Als Spieler begegnet mir von rechts Charly – hüpft mein rechter Nachbar, hüpfe ich danach – und von links die hysterische Hausfrau Agathe. Funktioniert das einigermaßen, kann in Runde 3 der *Kammerjäger Horst* eingeführt werden. Dieser wird *ebenfalls im Uhrzeigersinn* weitergegeben und durch den unerschrockenen Laut "Haha" und das Nachahmen einer Fangbewegung dargestellt. Abwandlungen der Darstellungen sind immer willkommen und auch erwünscht. Der Fantasie sollen keine Grenzen gesetzt werden.

KK: Dieses Spiel endet sehr häufig damit, dass weder Charly noch Agathe oder Horst eine ganze Runde schaffen. Bei diesem Spiel steht der Spaß an erster Stelle und für uns als Leiter das Kennenlernen unserer

Gruppe. Hier wird sehr schnell klar, wer eine gute Auffassungsgabe hat ("He, wir haben Charly verloren!"), wer ein Bewegungstalent ist (Nachbar: "Du musst springen, wenn Charly kommt ... springen!") und wer gerade lieber im Bett als sonst wo wäre ("Wer ist Charly?").

Tanzpyramide	9er-Gruppen	Bewegung / Führung	ca. 4 Minuten

Wir brauchen 9 Personen pro Gruppe und einen CD-Player. Die Spieler stellen sich wie eine liegende Doppelpyramide in den Raum. Ein Spieler vorne, dann zwei, dann drei, dahinter wieder zwei und am anderen Ende wieder ein Spieler. Damit hat man eine Tanzformation, die insgesamt 4 Spitzen besitzt (Spieler vorne und hinten, links und rechts). Je nach Musikgeschmack wird eine CD zur musikalischen Unterstützung aufgelegt. Die Spieler beginnen nun damit, dass eine Spitze eine Bewegung vorgibt, die von allen anderen nachgemacht wird. Wichtig dabei ist, dass einfache Bewegungen dargestellt und mehrfach wiederholt werden, damit der Eindruck einer einstudierten Choreographie entsteht. Wenn z.B. der Spieler an der vordersten Spitze die Führung übergeben möchte, dreht er sich nach links. Alle Spieler drehen sich nun nach links und es gibt eine neue Spitze in dieser Ausrichtung, die nun mit einer neuen Bewegung die Führung der Choreographie übernimmt. Neuer Führungswechsel wird durch Drehen nach links, rechts oder hinten ermöglicht.

KK: Es kann natürlich passieren, dass plötzlich niemand an der Spitze stehen und die Führung übernehmen will. Nur wenige Schüler wollen als Führer in Erscheinung treten und aktiv Bewegungen vorgeben. Die meisten sind mit ihrer Rolle als braves Herdentier vollends zufrieden und versuchen alles, um diesen Status aufrechtzuhalten. Das ist o.k. Und schneller als gedacht findet man sich als Leiter selbst an der Spitze im Dauereinsatz. Ich nehme das immer als Konditionstraining und versuche meine Schüler zur Führung zu motivieren. Es gibt ja noch immer 3 andere Spitzen in dieser Aufstellung. 6 Sekunden sind dadurch schon mal gerettet und lassen mir Zeit, über einen Wechsel in die Aerobic-Branche ernsthaft nachzudenken.

1.3 Vertrauen aufbauen

Bei neuen Gruppen eignen sich diese Übungen hervorragend, um Berührungsängste abzubauen und den Schülern Verantwortungsgefühl gegenüber ihren Spielkollegen zu vermitteln. Auch bei bereits bestehenden Gruppen wende ich diese Übungen zwischendurch an. Neue Paarbildungen brechen gruppendynamische Prozesse auf, oder vereinfacht gesagt: "Nein, ihr beide werdet jetzt getrennt, damit ihr endlich auch mal eure anderen Mitschüler kennenlernt. Ihr habt dazu keine Lust? Gut, dann können wir das ja öfter so machen!" Am wichtigsten dabei ist, sich das Lachen zu verkneifen, wenn man die beste Freundin oder den besten Freund unter lautstarkem Protest jemand anderem zuteilt. Bis jetzt habe ich aber immer die Erfahrung gemacht, dass die Trennung im Nachhinein gar nicht mehr als so schlimm erlebt wird.

Natürlich dürfen die besten Freunde nach dieser Übung wieder nebeneinander sitzen und werden erst in der nächsten Stunde nochmals getrennt – ich bin ja kein Unmensch. Eine Schülerin war von der folgenden Übung, die sie nicht mit ihrer besten Freundin machen durfte, so begeistert, dass sie danach ihrer besten Freundin kurzerhand die Freundschaft kündigte und zu ihrer "neuen Freundin" wechselte. Diese Erfahrung hat meinen Begriff von bester Freundin vollkommen neu definiert.

Blind führen	2er-Übung	Vertrauen / Verantwortung	ca. 10 Minuten

Die Gruppe wird in 2er-Teams geteilt. Sehr gerne, wie oben erwähnt, in neuer Zusammensetzung. Spieler 1 schließt die Augen – nicht schummeln – und wird von Spieler 2 durch den Raum geführt. Dabei ist es dem Leiter überlassen, ob Sp 2 Sp 1 an die Hand nimmt, nur seine Schulter berührt oder ihn ohne Körperkontakt, nur durch ein Geräusch, leitet.

KK: Bitte reden Sie den Schülern ins Gewissen, die Verantwortung für ihren Kollegen gewissenhaft zu übernehmen. Der Blinde ist dem Sehenden vollkommen ausgeliefert. Auf Laufen sollte deshalb in dieser Situation verzichtet werden. Auch Herumalbern wird bei dieser Übung von mir verboten, obwohl ich sonst eigentlich nicht der ernste Typ bin. Aber wenn die Möglichkeit eines Nasenbruchs in absoluter Reichweite liegt, hört selbst bei mir der Spaß auf.

Spiegeln	2er-Übung	Koordination / Beobachtung	ca. 4 Minuten

Zwei Spieler stehen sich gegenüber, wie eine Person vor einem Spiegel. Spieler 1 gibt eine Bewegung vor, die von Spieler 2 als Spiegelbild exakt und zeitgleich übernommen wird. Das Ziel sind wirklich exakte Bewegungen und präzise Spiegelung. Geschwindigkeit ist hier absolut fehl am Platz. Nach ca. 2 Minuten wird die Führung gewechselt. Finalrunde: Die Führung wird nicht einem Spieler fix übergeben, sondern kann flexibel wechseln, sodass für einen Zuschauer nicht klar ersichtlich ist, wer eigentlich die Bewegung anführt.

1.4 Ankommen im Raum

Neben meinen Akteuren spielen der Proben- und später der Aufführungsraum eine wichtige Rolle. Die Schüler sollten diese Räume gut kennen. Das gibt Sicherheit, fördert die Kreativität und regt zu neuen Spielmöglichkeiten an. Da in 99% der Fälle Proben- und Aufführungsraum total verschieden sind, bietet es sich an, folgende Übungen in jedem neuen Raum anzuwenden.

Der neue Raum	Alle	Entdecken / Wahrnehmen	ca. 5 Minuten

Diese Übung beginnt relativ einfach: Alle gehen durch den Raum.

1. Bei mir sein: Wir gehen im Raum umher. Jeder in der Körperhaltung, wie er sich gerade fühlt. Es ist keine Überraschung, wenn Luftsprünge und Freudentänze dabei die Ausnahme bleiben. Der Fokus ist nach innen gerichtet: Wie geht es mir.

2. Der Fokus wird geöffnet: Wir gehen weiter und schauen uns im Raum um. Damit die Schüler aktiver daran teilnehmen, bekommen sie die Aufgabe, jeden Gegenstand, den sie sehen, mit Namen ansprechen. Das heißt: Schaue ich auf den Tisch, sage ich "Tisch", geht mein Blick weiter zum Stuhl, sage ich? Richtig! "Stuhl!" Und so weiter. Schön laut, damit es jeder hört.

3. Kreativer Fokus: Während wir weiter gehen, verändern wir die Bezeichnung der Gegenstände. Sehe ich den Tisch, sage ich nicht mehr Tisch, sondern das erste was mir einfällt, z.B.: "Holzwurm". Jeder Gegenstand im Raum soll mit einem neuen Namen bedacht werden. Die Kreativität wird damit angekurbelt und die potentiellen Spielgegenstände verlieren damit ihre Zuordnung.

4. Fokus Mitspieler: Ja, wir gehen noch immer durch den Raum und konzentrieren uns auf unsere Mitspieler. Immer, wenn wir jemandem begegnen, dann

… lächeln wir ihm zu

… begrüßen wir ihn mit "Hallo".

… geben wir ihm die Hand.

Folgende Spiele sind ausgezeichnet geeignet, gleich im Anschluss daran gespielt zu werden:

Wo steht wer?	Alle	Beobachtung	ca. 5 Minuten

Wir gehen weiter durch den Raum und schauen uns die Mitspieler ganz genau an. Wenn der Spielleiter ein Zeichen gibt (z.B. in die Hände klatschen), bleiben alle stehen, wo sie sind, und schließen ihre Augen. Dann stellt der Spielleiter eine Frage, z.B. "Wo steht die Person mit dem roten T-Shirt?" Alle zeigen nun stumm in die Richtung, von der sie glauben, dass die besagte Person steht. Wenn jeder seinen Tipp abgegeben hat, gibt der Spielleiter das Zeichen "Augen auf" zur Auflösung. Gerne 3-5 Runden mit aller Kreativität, die dem Spielleiter möglich ist, z.B. "Wo steht die Person mit dem grünen Nagellack?"

Freund & Feind	Alle	Chaos / Spaß	ca. 2 Minuten

Alle gehen weiter im Raum und überlegen sich eine Person, die nur für dieses Spiel ihr Freund ist, ohne es weiterzusagen. Wenn jeder einen heimlichen Freund hat, sucht man sich einen heimlichen Feind. Das Spiel beginnt, wenn der Spielleiter in die Hände klatscht. Dann muss jeder versuchen, sich im Raum so zu positionieren, dass der heimliche Freund immer zwischen einem selbst und dem Feind steht.

Optimale Anordnung: ICH – Mein Freund – Mein Feind.

Dieses Spiel endet sehr gerne im heillosen Chaos, da zufällige Entscheidungen selten in einer Ordnung enden. Es ist dann besonders lustig, wenn ein und dieselbe Person sowohl Freund als auch Feind von zwei unterschiedlichen Personen ist. Der Spielleiter kann das Durcheinander auflösen, indem er zuerst alle in der aktuellen Position 'einfriert' bzw. 'versteinert' und dann jeden einzelnen zu seiner Auswahl befragt.

KK: Ich hab mich oft selbst gefragt, was der eigentliche Sinn hinter diesem Spiel sein könnte, abgesehen vom chaotischen Spaß für die Schüler. Mir ist aufgefallen, dass man dieses Spiel durchaus näher analysieren kann unter dem Aspekt: Wer entscheidet sich für wen, wie und warum. Ich bin immer fasziniert davon, wie klare Anweisungen manche Schüler dabei geben:

A: "Du kommst sofort her, Du bist mein Freund!"

B: "Aber da ist mein Feind!"

A: "Ist mir doch egal!"

1.5 Einstieg ins Spielen vor Publikum

Um den Schülern endlich das Gefühl zu geben, dass sie hier beim Theaterspielen und nicht beim Turnunterricht sind, baue ich nach dem 'groben Warm-up' gerne Spiele ein, die das Gefühl vermitteln: Ich spiele, auch wenn ich noch nicht weiß, was ich tue! Diese Spiele bringen bereits absoluten Anfängern ein schnelles Erfolgserlebnis und viel Spaß. Selbst viele Fortgeschrittene spielen sie immer wieder gerne.

Ich bin ein ...	Alle	Pantomime / Zusammenspiel	ca. 5 Minuten

Alle Spieler stehen im Kreis. Der erste geht in die Mitte, behauptet z.B. "Ich bin ein Baum" und stellt sich dementsprechend hin. Wie eine Statue. Eingefroren in der Form eines Baums. Dann kommt der zweite Spieler, überlegt sich etwas Neues, was ihm zum Baum einfällt, und stellt sich ebenfalls hin, z.B. "Ich bin ein Stein." Das kommt immer vor, wirklich immer. Der Stein friert ein. Spieler 3 kommt dazu, mit z.B.: "Ich bin ein Hund, der den Baum anpinkelt." Auch das ist, wenn man es so sagen kann, ein Klassiker. Nun haben wir ein Standbild aus 3 Personen und die erste Runde ist damit komplett.

Daraufhin wählt Spieler 1 einen weiteren aus der 3er-Gruppe, der mit ihm in den Kreis zurückgeht. Z.B.: Spieler 1: "Ich nehme den Stein." Beide stellen sich wieder in den Kreis. Der übriggebliebene Hund muss wiederholen, wer er ist: "Ich bin ein Hund", und der nächste Spieler, der an der Reihe ist, stellt sich dazu mit z.B.: "Ich bin der Hundebesitzer."

KK: Viele Schüler stehen bei diesem Spiel einfach nur im Kreis herum, nach dem Motto: Ich hab doch schon gesagt, was ich bin. Richtig. Aber wir wollen ja, dass sie sich trauen, andere Körperpositionen als die des aufrechten Standes einzunehmen. Zumindest fürs Schauspielen wäre das von Vorteil. Deshalb kann der Spielleiter nicht oft genug sagen: "Du bist ein Hund? Dann ab auf den Boden mit Dir, ich kenne keine stehenden Hunde!" Bei der Umsetzung dürfen Sie gerne einschreiten, allerdings nicht bei der Wahl des Gegenstands. Lassen Sie den Kindern die freie Entscheidung. Einige trauen sich nicht sofort, kreativ zu sein, und retten sich gerne mit "Ich bin eine Blume", "Ich bin auch eine Blume" und "Ich auch". Dann nehmen Sie es gelassen: Sie haben immerhin drei Blumen und die Hoffnung auf eine neue Runde.

Ich bin ein …	4er-Gruppe	Pantomime / Zusammenspiel	ca. 10 Minuten

Im Anschluss an den Kreis stelle ich 4er-Gruppen zusammen. Jede bekommt von mir die Aufgabe, sich 5 Standbilder nach dem eben gelernten Prinzip zu überlegen. Ein Standbild = drei Spieler zusammen (Baum, Stein, Hund). Einer bleibt, 2 neue dazu. Mit einem Kurs III lasse ich den Kindern meistens 10 Minuten Zeit, die 5 Standbilder zu proben, die im Anschluss den anderen vorgeführt werden. Ab Kurs IV lasse ich die Teilnehmer meistens 2 Minuten im 4er-Team ohne Vorbereitung improvisieren. Das macht den Älteren viel mehr Spaß und fordert sie heraus.

Was machst du?	2er-Übung	Zusammenspiel / Querdenken	ca. 5 Minuten

Das ist eine fiese Übung – sie ist aber lustig und gut dazu geeignet, das Gehirn in Schwung zu bringen, und zwar nach folgendem System:

Sp 1 fragt Sp 2 "Was machst du?"

Sp 2 antwortet mit einer Tätigkeit, z.B. "Ich mähe den Rasen!"

Sp 1 muss nun die genannte Tätigkeit pantomimisch darstellen.

Während Sp 1 also pantomimisch den Rasen mäht, fragt Sp 2: "Was machst Du?"

Sp 1 gibt nun eine neue Tätigkeit als Antwort, z.B. "Ich putze meine Zähne".

Sobald Sp 2 seine Zähne putzt, kann Sp 1 das Rasenmähen beenden.

Jetzt fragt Sp 2: "Was machst du?" Und so geht es weiter … Als Aufgabe für die Schüler kann man festlegen, dass jeder 4 Tätigkeiten ausführen und sich merken muss. Diese Abfolge wird dann vor den anderen präsentiert.

Alle gehen durch den Raum. Je nach Gruppengröße müssen sich die Spieler auf ein Zeichen des Spielleiters (z.B.: Klatschen) zu viert oder fünft zusammenschließen und als Statue jenen **Gegenstand** formen, den der Spielleiter durch Rufen bestimmt, z.B. Blume → Alle Spieler einer Gruppe bauen gemeinsam eine Blume als Statue. In Runde 2 müssen sich *neue* Spieler zusammenfinden und den nächsten Gegenstand, z.B. eine Gabel, darstellen. Insgesamt 4 Runden, wobei immer andere Spieler die Gegenstände miteinander darstellen. Jeder Spieler muss sich merken, mit wem er welchen Gegenstand dargestellt und wie die Statue ausgesehen hat. Die Finalrunde besteht darin, dass der Spielleiter abwechselnd und immer schneller die Gegenstände ruft. Die Schüler müssen so schnell wie möglich die richtigen Mitspieler und die richtige Position finden. Je schneller der Spielleiter die Gegenstände ruft, desto mehr Bewegung kommt in die Runde! (z.B. "Ich will die Gabel sehen … die Blume … Gabel … Motorrad … Blume …" etc.)

Das gleiche Prinzip kann auch mit *Emotionen* gespielt werden. Dabei stellen die Spieler keine Gegenstände, sondern die gerufenen Emotionen als Statue dar. Es ist sinnvoll, sich an die Emotionen Glück, Trauer, Wut und Freundschaft (sehr beliebt ab 15 Jahren!) zu halten. Die Finalrunde läuft wie gehabt.

KK: Ein tolles Spiel, um vorhandene Gruppenstrukturen aufzubrechen. Besonders geeignet, um beste Freunde oder Freundinnen wieder brutal voneinander zu trennen und diesen Zustand für weitere Übungen schamlos auszunutzen. Mit viel Freude gebe ich im weiteren Verlauf Anweisungen wie "Für die nächste Übung geht ihr bitte wieder in der Gruppe Gabel zusammen …". Dass ich dafür nicht mit Freudenschreien belohnt werde, liegt auf der Hand. Manchmal allerdings bemerken die Schüler dadurch selbst, dass sie auch mit anderen gut zusammenarbeiten können. Und das ist alles, was ich erreichen will.

Der gordische Knoten	Alle	Abschluss / Zusammenarbeit	ca. 5 Minuten

Mein Favorit als sogenanntes 'Abschlussspiel' für eine Einheit. Alle versammeln sich in einem engen Kreis, machen die Augen zu und strecken ihre Hände so in die Mitte des Kreises, dass die anderen sie erreichen können. Nun greift jeder mit seinen Händen nach einer anderen Hand, die er festhält. Die Augen werden geöffnet, der gordische Knoten ist entstanden. Nun müssen die Spieler versuchen, diesen Knoten zu lösen, ohne die Hände der anderen loszulassen (umgreifen ist erlaubt). Die Spieler klettern oben drüber, drunter durch, drehen sich und stehen, im besten Fall, zum Schluss in einem schönen, geschlossenen Kreis.

Beispiel für die 1. Einheit:

Stuhlkreis	10 min
Körper drehen	5 min
Gefängnis & Wärter	10 min
Blind führen	10 min
Ankommen im Raum	15 min
Ich bin ein …	10 min
Gegenstand Statue	10 min
Gordischer Knoten	5 min
Abschluss-Stuhlkreis	10 min

Grobstruktur ab der 4. Einheit à 90 Minuten:

Warm-up	20 Minuten
Freies Spiel / Spiele	20 Minuten
Themenarbeit (Szenen / Stück)	40 Minuten
Abschluss	10 Minuten

Weitere Spiele und Anregungen für die Punkte "Warm-up" und "Freies Spiel" finden Sie in folgenden Büchern:

⇨ Keith, Johnstone: Theaterspiele, Alexander Verlag, 8. Auflage

⇨ Radim, Vlcek: Workshop Improvisationstheater, Auer Gmbh, 7. Auflage

Kapitel 2: Die Szene – Aller Anfang leicht gemacht

2.1 Der Aufbau / Der AVE- Satz (Einheit 4)

Bevor Sie sich auf das Stück stürzen und dabei von den Holzwürmern enthusiastisch angefeuert werden, gehen Sie einen Schritt zurück. Ohne die Struktur von Szenen verstanden zu haben, werden Ihre Schüler die Struktur des Stückes nicht begreifen. Ein bisschen Theorie darf ruhig sein.

Am besten beginnen Sie damit ab der vierten Einheit. Ihre Gruppe hat sich gefunden und ist nach 3 Einheiten 'Spiele spielen' bereit für die Arbeit an der Theorie. Schüler wollen lernen und herausgefordert werden. Machen Sie Ihnen den Gefallen und stellen gleich zu Beginn der Stunde folgende Frage:

"Wie ist eine Szene aufgebaut?" Immer wenn ich diese Frage stelle, schaue ich mit 85%iger Wahrscheinlichkeit in ratlose Gesichter, die offenbar damit überfordert sind, im Schauspielunterricht plötzlich mit Hirntätigkeit konfrontiert zu werden. Überraschung! Keine Angst, das dürfen Sie Ihren Schülern ruhig zumuten. Spätestens nach dem Hinweis "Denkt doch mal an den Deutschunterricht. Wie ist eine Geschichte aufgebaut?" bekommen Sie die richtige Antwort.

ANFANG – HAUPTTEIL – SCHLUSS

Damit können Sie gleich weiterarbeiten und den Transfer zur Szene herstellen, die nichts anderes ist als eine Kurzgeschichte. Eine gespielte Kurzgeschichte wird zwar ohne Struktur nicht mit einer schlechten Note belohnt, dafür aber von unseren Holzwürmern mit viel Früchte-Bowle begossen. Im Unterschied zum Deutschunterricht wandle ich fürs Schauspielen lediglich die Bezeichnungen etwas ab, **AVE**:

Anfang = Routine

Hauptteil = **V**eränderung = Bruch der Routine

Schluss = **E**nde = Wiederherstellung der Routine

Der Grund für die Umbenennung liegt darin, dass in einer Szene die Entwicklung einer PERSON wesentlich mehr Gewicht bekommt als der reine erzählerische Inhalt. Es wird die Geschichte einer oder mehrerer Personen erzählt, beginnend mit der Routine = Alltag, die durch eine Veränderung (Problem oder Ereignis) unterbrochen wird. Die Herstellung einer (oft neuen) Routine ist erst dann wieder möglich, wenn das Problem gelöst wurde.

Satz **A** ROUTINE: Mathilda sitzt im Sandkasten und spielt.

Routine deshalb, weil wir einfach mal behaupten, dass Mathilda regelmäßig im Sandkasten sitzt und spielt.

Satz **V** BRUCH DER ROUTINE: Plötzlich fällt ein Vogel vom Himmel.

Die Routine wird durch eine plötzliche, überraschende Wendung unterbrochen.

Satz **E** LÖSUNG: Mathilda vergräbt den Vogel im Sandkasten und spielt weiter.

Mathilda findet für die Unterbrechung eine Lösung und kann danach wieder zur Routine zurückkehren.

Um den Schülern den Aufbau begreiflich zu machen, starten Sie mit einer einfachen Trockenübung:

Der gesprochene AVE-Satz	Alle	Theorie / Verständnis	ca. 5 Minuten

Wie Sie unschwer erkennen können, wurde bereits das vorhergehende Beispiel in die Sätze A, V und E unterteilt. Genau nach dieser Struktur leiten Sie auch Ihre Schüler an, die sich in einer Reihe hinsetzen dürfen. Hinsetzen deshalb, damit Sie sich sportliche Kommentare wie "Stehen ist so anstrengend!" ersparen. Schüler Nr. 1 der Reihe beginnt mit dem ersten Satz = Routine einer 'Kurzgeschichte', in der eine PERSON vorkommt. Schüler Nr. 2 bricht die Routine, Schüler Nr. 3 löst das Problem usw.

KK: Bevor es losgeht, weise ich meine Schüler darauf hin, dass keine Namen von Mitschülern verwendet werden dürfen. Schüler wollen lustig sein. Vorzugsweise auf Kosten anderer, die jeder kennt. Sonst würde der Witz ja auch nicht funktionieren. Deshalb bin ich gemeinerweise immer gleich von Anfang an die Spaßbremse. Der Gruppe zuliebe.

Beispiel:

1. Schüler: Hannes spielt Klavier. (Routine)

2. Schüler: Plötzlich springt eine Maus aus dem Klavier. (Unterbrechung)

3. Schüler: Hannes fängt die Maus und stellt sie als Maskottchen aufs Klavier. (Lösung)

4. Schüler: Maria isst ein Eis. (Routine)

5. Schüler: Da fällt ihr das Eis auf den Boden. (Bruch)

6. Schüler: Maria hebt das Eis vom Boden auf und isst weiter. (Weitergeführte Routine)

Nach diesen Beispielen sollte der Ablauf klar sein. Wiederholen Sie die Übung gerne so lange, bis jeder Schüler einmal die Routine, einmal den Bruch und einmal die Lösung für eine Kurzgeschichte erfinden musste. Damit sollte die Theorie gut sitzen.

Danach dürfen die Schüler wieder aufstehen und sich deswegen beschweren, aber nur solange, bis Sie die Anweisung für die nächste Übung bekommen haben:

Der gespielte AVE-Satz	6er-Gruppe	3-Satz Praxis / Spiel	ca. 10 Minuten

Nachdem sich die Schüler in 6er-Gruppen zusammengefunden haben, bekommen sie die Aufgabe, sich in der Gruppe einen AVE-Satz zu überlegen. Dazu haben sie maximal 10 Minuten Zeit. 3 Schüler der Gruppe sind die aktiven Spieler, die anderen sind die Vorleser des AVE-Satzes. Bei der Präsentation vor der Klasse wird zuerst der Satz vorgelesen, der dann nachgespielt wird.

KK: Einfach, effektiv und raffiniert. Einfach, weil jeder Schüler diese Aufgabe versteht. Effektiv, weil die Struktur damit verdeutlicht wird, und raffiniert, weil die Schüler nicht weiter nachdenken und einfach spielen. Ganz ohne Panik und Verweigerung. So langweilig kann unterrichten manchmal sein.

AVE-Satz raten	3er-Gruppe	Spaß / Gruppenarbeit	ca. 10 Minuten

Eine sehr beliebte Variante ist das AVE-Satz raten. Dazu werden die Schüler in 3er-Gruppen aufgeteilt. Jede Gruppe überlegt sich wieder drei Sätze im Aufbau des AVE-Satzes, die auf einen Zettel notiert werden. Aus diesen drei Sätzen überlegen sich die Schüler eine Szene, die sie vorspielen und aus der die drei Sätze erkennbar sein sollten. Zur Kontrolle wird vor dem Spiel der Zettel dem Spielleiter übergeben. Jede Gruppe spielt nun ihre Szene und das Publikum muss im Anschluss daran erraten, welche Sätze auf dem Zettel stehen. Die Aufgabe ist dann erfolgreich gemeistert, wenn das Publikum jeden der drei Sätze errät.

KK: Auch der beste AVE-Satz kann so schlecht gespielt werden, dass niemand eine Chance hat, die Sätze auch nur annähernd zu erraten. In einem meiner Workshops hatte ich ein ausgesprochen talentiertes Kind – im Formulieren von Sätzen. Spieltechnisch allerdings war da leider nichts, aber auch so gar nichts zu holen. Als Spielleiter kann man kein Talent hervorzuzaubern, wo keines ist. Damit müssen Sie sich leider abfinden. Aber man kann dem Schüler und seiner Gruppe gemeinsam mit der Klasse weiterhelfen, indem man immer und immer wieder die Frage stellt: "Was müssen wir als Publikum unbedingt wissen, damit wir den AVE-Satz erkennen?" Nach dieser Anleitung hatte der Schüler wahnsinnig viel Spaß, talentfrei zu spielen. Er wusste, dass seine Szene von der Struktur her passt und gut bei seinen Kollegen ankommt. Selbstbewusst meinte er danach: "Schauspielen ist ja gar nicht so schwer. Vielleicht sollte ich später auch Schauspieler werden." … und der Rest war Schweigen.

Alle Punkte aus dem Bereich AVE-Satz können innerhalb einer Einheit nach dem vorgestellten Aufbau bearbeitet werden.

Nachdem die Struktur einer Szene verstanden wurde, kann man sich dem Inhalt widmen. Bestimmte Informationen müssen innerhalb einer Szene ausgesprochen oder gespielt werden, damit das Publikum einen Hauch von Hoffnung behält, doch noch zu verstehen, um was es hier eigentlich geht. So manche Schulvorstellung endet nicht selten mit der kompetenten Kritik eines Schülers: "Ich hab nicht wirklich verstanden, um was es ging, aber der Esel war ganz lustig!" Bei besagter Schulvorstellung einer Theater AG war der Esel aus Karton und wurde freudestrahlend von den Holzwürmern als Ehrenmitglied willkommen geheißen.

2.2 Der INHALT / WER, WO, WAS (Einheit 5)

Jede Szene, von der man erwartet, dass sie funktioniert, darf auf folgende Informationen nicht verzichten:

WER oder die Namen: Jede Person, die in einer Szene vorkommt, hat einen Namen. Es gibt keine Namenlosen. Auch nicht mit der Ausrede "Aber das ist ja nur gespielt!" Namen sind die Identifikation unserer Figur und prägen sowohl Charakter als auch Auftreten. Mit Julia verbindet der Zuschauer automatisch einen anderen Charakter als mit einer Uschi oder Chantal. Auch wenn wir keinen Menschen spielen, sondern einen Esel, sollte auch dieser Esel einen Namen haben. Hannibal. Oder Torsten. Namen bringen den Zuschauer näher zur Geschichte und den Figuren. Wenn ein Schüler eine Szene mit "Hallo, ich bin Lutz der Lachs" beginnt, fallen die ersten Holzwürmer ins Koma, versprochen.

Nachdem jede Figur einen Namen hat, sollte sie auch mit diesem innerhalb einer Szene angesprochen werden. Wenn nur der Schauspieler weiß, wie seine Figur heißt, ist das zwar schön für ihn, aber ziemlich frustrierend für das Publikum. Als einfachste Lösung für eine Szene können sich die Charaktere gleich zu Beginn mit ihren Namen begrüßen: "Guten Morgen Jeremy Pascal, wie geht es Dir? Sehr gut, Chayenne, danke." Zwischen diesen sorgsam gewählten Namen hätten Sie wahrscheinlich keine zivilisierte Konversation erwartet, nicht wahr? Aber Szenen können überraschen, auch mitten drin: "Klaus-Uwe, das Salz gehört nicht Dir allein!" Sehen Sie Klaus-Uwe vor sich? Panisch salzt er sein Rührei, Margarethe im Nacken, die ihm nicht nur körperlich um gute 70 Kilo überlegen ist. Ein Abbild gutbürgerlicher Zweisamkeit. Jeremy Pascal, Chayenne, Klaus-Uwe und Margarethe. Ohne ihre Namen würde jeder Szene "das Salz in der Suppe" fehlen.

WO oder der Ort: Jede Szene spielt an einem bestimmten Ort. Richtig. Schließlich ist "das Nirgendwo" schwer dar- und vorstellbar. Deshalb brauchen wir einen Ort: die Schule, den Bahnhof oder wahlweise den Friedhof. In den seltensten Fällen haben wir als Spielleiter 100 Bühnenbilder zur Stelle, von denen sich unsere Schüler für die jeweilige Szene das passende aussuchen können. Unsere Schüler fänden das sicher toll und überschütten uns auch gern mit kreativen Vorschlägen, wie: "Aber für unser Stück brauchen wir eine echte Mauer, sonst geht das nicht!" Damit ist Ihre Aufgabe schon klar definiert: Beweisen Sie Ihren Schülern, dass Fantasie mehr Möglichkeiten bietet als eine gemauerte Wand. Und lassen Sie sich nicht auf den Kompromiss ein, dass bei jeder Szene der Ort unbedingt auf die Tafel geschrieben werden muss. Ich überzeuge meine Schüler immer mit folgendem Satz:

"Das Publikum braucht Fantasie, keine Realität!"

Wenn wir als Schauspieler behaupten, dass zwei zusammengestellte Stühle eine Höhle sind, dann wird es das Publikum auch akzeptieren. Für das Publikum gibt es nichts Schöneres, als der eigenen Fantasie freien Lauf zu lassen. Die Schultasche wird zum Grabstein und der Kartenständer zur Bushaltestelle. Wir müssen es nur behaupten.

Um den Ort deutlich zu machen, ist die einfachste Methode die gleiche, wie bei der Einführung der Namen: Sagt es! Aber bitte nicht so, wenn es sich vermeiden lässt: "Jetzt bin ich hier am Bahnhof und es kommt kein Zug!" Damit hat zwar selbst der dümmste Zuschauer begriffen, dass wir am Bahnhof stehen, aber wir sollten von einem prinzipiellen Fakt ausgehen: Unser Publikum ist nicht blöd. Wir dürfen Informationen gerne raffinierter verpacken, und man versteht trotzdem, was wir wollen.

Machen wir einen einfachen Test: Wo spielt die Szene, in der folgender Satz vorkommt: "Kurt-Kevin, ich sehe eine Fata-Morgana!" Das ist schwierig, ich weiß. Aber ich traue mir zu, Sie vor diese Herausforderung zu stellen und Ihnen nicht ins Gesicht klatschen zu müssen: "Kurt-Kevin, wir sind in der Wüste, ich sehe eine Fata-Morgana!"

WAS oder das Problem: Das WAS einer Szene lässt sich einfach mit "der Wendung = Bruch der Routine = Problem" erklären. Das V in unserem AVE-Satz. Nicht mehr und nicht weniger. Allerdings dürfte es bei manchen Schülern gerne ein bisschen mehr sein. Das Problem an sich empfinden die meisten jungen Spieler als relativ unspektakulär. Sie gehen lieber gleich zur Folge des Problems: ein heroischer Faustkampf oder ein dramatischer Zickenkrieg. Je nach Geschlecht und Alter. Wer will da schon wissen, warum etwas passiert, wenn man sich doch so schön anschreien und beschimpfen kann? Das Publikum! Machen Sie Ihren Schüler begreiflich, dass sie sich voller Leidenschaft in die Aktion stürzen dürfen, aber nur unter einer Bedingung: Das Publikum muss wissen, warum etwas passiert. Warum kämpfen zwei Jungs und was ist passiert, dass auf einmal die beste Freundin zur anderen "Zicke" sagt? Diese Information muss in der Szene auch ausgesprochen werden. Sonst haben wir das nächste Geheimnis und viel Verwirrung im Publikum.

Besonders deutlich wird das Problem, wenn das erste Mal ein 3-Satz gespielt wird. Folgender, sehr beliebter 3-Satz steht auf dem Zettel des Spielleiters:

Satz 1: Paul und Herbert sitzen auf einer Bank.

Satz 2: Paul und Herbert streiten.

Satz 3: Paul schlägt Herbert k.o.

Die Darstellung der Szene ist nach 10 Sekunden beendet und das Publikum hat auch schnell erraten, was passiert ist. Aber um was es eigentlich ging, bleibt ein Rätsel. Hier ist es wichtig, dass die Schüler gefordert werden. Der Grund für den Streit ist das, was interessiert.

Aus der Sicht des Publikums wäre die Interpretation der Szene mit folgenden Worten erklärt:

Satz 1: Aha.

Satz 2: Oho.

Satz 3: Ach so.

Sicher sind Ihnen auch schon ein paar schöne Beispiele nach diesem Prinzip untergekommen. Das ist absolut normal und o.k. Szenen erfinden und spielen ist wie Fahrradfahren: sich einfach draufsetzen und losfahren ist noch nie gut gegangen. Jeder Holzwurm ist in seinem Leben nur einmal Rad gefahren: bis zum nächsten Brett vor dem Kopf. Damit die Schüler lernen, die notwendige Information in eine Szene zu verpacken, kann ich Ihnen nur raten: Üben, üben, üben.

Und damit das Üben auch noch Spaß macht, habe ich hier meine Favoriten zu diesem Thema:

WWW in 1 Minute	4er-Gruppe	Spaß / Schnelligkeit / Inhalt	ca. 20 Minuten

Bei der Übung "Wer Wo Was in einer Minute" werden die Schüler vor die Herausforderung gestellt, alle für eine Szene wichtigen Informationen in einer Minute unterzubringen. Für den besonderen Kick kann der Spielleiter eine Stoppuhr in der Hand halten und 'ganz genau' kontrollieren.

KK: In einem Kurs III (11-14 Jahre) gebe ich meinen Schülern in ihrer 4er-Gruppe immer 10 Minuten Zeit, um die Szene vorzubereiten. Jüngere Schüler fühlen sich bei freier Improvisation überfordert, gute Ergebnisse werden dabei in den seltensten Fällen erzielt. Der Anspruch an eine spontane, improvisierte Umsetzung kann erst bei Kurs IV (15-19 Jahre) vorsichtig angedacht werden. Je nach Gruppe ist den Schülern Vorbereitungszeit oder spontane Improvisation lieber. Lassen Sie die Schüler entscheiden. Wie auch immer: Die Szenen werden vor der Klasse vorgespielt und besprochen.

Freeze	Alle	Spaß / Spontanität	ca. 20 Minuten

Dieses Spiel ist der Klassiker des Improvisationstheaters und beliebtestes Start-Spiel bei diversen Impro-Shows. Für ganze Klassen bietet es sich an, die Schüler in einer Reihe aufzustellen bzw. zu setzen. Ja, hier dürfen Sie Ihre Schüler einmal glücklich machen und ihnen erlauben, sich zu setzen. Allerdings nicht ohne Grund: Im Sitzen sind ihre Schüler automatisch konzentrierter beim Beobachten. Muss ja niemand wissen, Hauptsache die Kinder sind glücklich.

KK: Ein Workshop von mir wurde einmal mit den enthusiastischen Worten eines Schülers beendet: "Bin ich froh, dass morgen Schule ist, dann kann ich wenigstens wieder sitzen und schlafen!" Das Leben des Schülers ist eines der härtesten, vor allem im Stehen.

Aber zurück zur Übung:

Die ersten zwei Schüler stehen auf der 'Bühne' und holen sich vom Publikum entweder eine Vorgabe (Ort, Beziehung) oder beginnen gleich aus dem Nichts eine Szene. Oberstes Ziel: WER, WO & WAS so schnell wie möglich definieren. Zu Beginn gibt der Spielleiter das Zeichen zum Wechseln, indem er klatscht und laut "Freeze" ruft. Die spielenden Schüler bleiben nun in der aktuellen Körperhaltung versteinert / eingefroren stehen. Der nächste Schüler in der Reihe kommt nun nach vorne, tippt einen Spieler aus und übernimmt dessen Körperhaltung, Mimik und Gestik. Aus dieser Körperhaltung wird nun eine komplett neue Szene begonnen. Am Anfang ist es leichter, wenn die Spieler Vorgaben aus dem Publikum bekommen. Sie haben dadurch das Gefühl, nicht komplett alleine für die Szene verantwortlich zu sein. Es wird so lange gespielt, bis jeder aus der Reihe mindestens einmal eine Szene gespielt hat.

KK: Wie bereits erwähnt, ist Schülern aus Kurs III freie Improvisation oft zu schwer. Hier sind Sie als Spielleiter gefragt. Leiten Sie Ihre Schüler und helfen Sie Ihnen durch die Szene, am einfachsten mit der Frage: "Was passiert dann?"

Zum Beispiel: Maria und Bernd beginnen eine Szene als Geschwisterpaar, das im Kinderzimmer sitzt und spielt. Oft kommt bereits an dieser Stelle die Verzweiflung: "Ich weiß nicht, was ich machen soll!" Sollten die Spieler keine Antwort auf die Frage "Was könnte dann passieren?" haben, stellen Sie die Frage den zuschauenden Schülern. Diese werden zum Mitdenken animiert und die Szene wird zu einer tollen Gruppenarbeit. Dass eine Szene scheitert, liegt nie, wirklich nie in der Verantwortung Ihrer Schüler. Sie als Spielleiter tragen die Verantwortung. Das klingt hart, ist aber die einzige Möglichkeit, um das Schauspiel für Ihre Schüler zum Erfolgserlebnis werden zu lassen. Ohne Erfolg keine Motivation, ohne Motivation kein Schauspiel und ohne Schauspiel keine Aufführung. Die Holzwürmer würden sagen: Yihaaa!

Stapelfreeze	4er-Gruppen	Struktur / Kreativität	ca. 30 Minuten

Wenn einmal die Struktur von Freeze verstanden wurde, kann man im nächsten Schritt zum sogenannten Stapelfreeze weitergehen. Beim Stapelfreeze spielen jeweils 4 Schüler zusammen. Ein Spieler beginnt eine SOLO-Szene, bis der zweite Spieler klatscht. Spieler 1 friert ein und Spieler 2 etabliert eine vollkommen neue Szene, die beide spielen. Diese wird angespielt, bis Spieler 3 klatscht, Spieler 1 & 2 frieren ein, und Spieler 3 beginnt eine völlig neue 3er-Szene, bis Spieler 4 klatscht. Diese 4. Szene wird so lange gespielt, bis Spieler 4 mit einer Begründung die Szene & Bühne verlässt. Sobald nur mehr drei Spieler auf der Bühne sind, muss schnell zurück in die 3er-Szene gewechselt werden. Diese wird entweder dort weitergespielt, wo sie in der Aufbaurunde unterbrochen wurde, oder sie wird mit einem Zeit- bzw. Ortssprung fortgesetzt. Dies erfolgt so lange, bis der für die Szene verantwortliche Spieler 3 mit einer Begründung die Szene verlässt.

Dann geht es weiter mit der 2er-Szene, bis Spieler 2 die Szene verlässt und Spieler 1 seine Soloszene zu einem runden Abschluss bringt. Struktur, Inhalt und das Spiel miteinander werden in keiner anderen Form so gefordert wie im Stapelfreeze. Ein kurzes Beispiel zum besseren Verständnis:

Spieler 1 beginnt Solo-Szene: "Der Totengräber".

Spieler 2 kommt dazu: Beginnt neue 2er-Szene "Die Tanzstunde".

Spieler 3 friert die ersten zwei ein und **beginnt die 3er-Szene** "Der Banküberfall".

Spieler 4 kommt und etabliert "Die Schiffsfahrt" als 4er- Szene.

Spieler 4 verlässt das Boot mit der Begründung "Ich schwimm zurück zum Ufer!".

3er-Szene "Der Banküberfall" wird aus der Boots-Körperhaltung weitergespielt.

Spieler 3 verlässt die Szene mit z.B.: "Ich hau ab, da kommen die Bullen!".

Spieler 1 & 2 spielen aus der aktuellen Körperhaltung "Die Tanz-stunde" weiter.

Spieler 2 geht mit der Begründung "Bis nächste Woche" ab.

"Der Totengräber" wird von **Spieler 1 beendet** mit:

"Ich werde mal schauen, wo ich den nächsten Toten finde!"

KK: Auch hier kann den Schülern aus Kurs III eine Vorbereitungszeit von 10 Minuten angeboten werden, wenn sie die Sicherheit brauchen. Wenn sie allerdings mit der Struktur von "Freeze" vertraut sind, schafft es auch diese Altersgruppe, spontan einen "Stapelfreeze" aufzubauen. In diesem Stadium dürfen Sie die Schüler gerne mal ins kalte Wasser schmeißen. Die Schüler werden sich vielleicht erschrecken, aber schnell merken, dass sie bereits schwimmen können. Übrigens hat ein Holz-wurm kürzlich einen Online-Versand für Schwimmwesten aufgemacht. Näheres dazu unter www.schwimmwestenausholz.wurm.

Ab der Einheit, in der Sie "Freeze" zum ersten Mal etabliert haben, kann diese Übung als fixer Bestandteil einer Einheit integriert werden. Sie können sich auch gerne 1-2 Einheiten nur dem Thema "Freeze" widmen.

2.3 Die Interaktion der Figuren oder Antagonist & Protagonist
(Einheit 6)

Nachdem wir den für die Szene wichtigen Aufbau geklärt und ausgiebig unseren Schülern erklärt haben, können wir uns den Figuren an sich nähern. Vor allem dann, wenn Sie ein Stück mit Text planen – und davon gehe ich aus – kommen Sie um diesen Punkt nicht herum. Sobald eine Figur ihren Mund aufmacht und auch tatsächlich Text herauskommt, der an eine zweite Person gerichtet ist, befinden wir uns schon mitten in der Interaktion. Diskussionen um die Frage, ab wann Interaktion stattfindet und welches Gewicht nonverbale Kommunikation in Szenen bekommen sollte, werden von mir bereits an dieser Stelle kaltblütig im Keim erstickt. Nicht, weil die Kommunikationspsychologen dieser Welt keine Daseinsberechtigung mehr hätten. Sogar unsere Würmer sind bekennende Anhänger von Watzlawick. Besonders dann, wenn es darum geht, ihre mangelnden Kommunikationsfähigkeiten auf die ausschweifende Wirkung der Frucht-Bowle zurückzuführen, deren Ursache eindeutig in den zu großen Gläsern liegt. Ursache und Wirkung. Theorie und Praxis.

Wenn Sie unbedingt möchten, können Sie Ihren Schülern gerne einen Vortrag zur nonverbalen Kommunikation zu Gemüte führen. Mein Versuch, einem interessierten 11jährigen den Satz "Man kann nicht nicht kommunizieren!" verständlich und kindgerecht zu erklären, wurde mir in der darauffolgenden Stunde von seiner Mutter mit folgenden Worten gedankt: "Unverschämt, welchen Blödsinn Sie meinem Sohn beibringen. Ich hab ihn gestern erwischt, wie er seiner Schwester den Lutscher geklaut und frech behauptet hat, sie hätte es so gewollt und er wollte sie nicht verärgern." Auf meine Nachfrage, wie er denn darauf gekommen sei, antwortete mein intellektueller Überflieger: "Na, sie hat's mir gesagt durch ihren Körper, so wie Sie's mir letzte Woche mit dem Kommunizieren und so erklärt haben. Ich hab sie angeschaut, sie hat mich angelächelt und mir den Lutscher entgegengehalten. Da hab ich ihn genommen und mich bedankt." Seine Schwester war vor einer Woche ein Jahr alt geworden. Watzlawick wäre begeistert gewesen.

Von der Praxis aber nun wieder zurück zur Theorie.

Um die Interaktion der Figuren besser zu verstehen, ist es wichtig, die "Stellung" der Figur innerhalb einer Szene zu verstehen. Ausgehend von der einfachsten Form, der 2er-Szene, lässt sich die Unterteilung in Anta- und Protagonist am besten erklären:

Antagonist = eigentl. GEGENSPIELER, ich bin eher für ZUSPIELER. Er etabliert das Problem.

Portagonist = HAUPTSPIELER. Er wird vom Antagonisten mit dem Problem konfrontiert.

Für Ihre Schüler lässt sich diese Einteilung mit folgender Übung praktisch nachvollziehen:

Spieler 1 = Protagonist. Seine erste Aufgabe besteht darin, sich im Raum 'heimlich' einen Ort zu suchen. Spieler 2 = Antagonist geht vor die Tür. Spieler 1 begibt sich nun an den von ihm gewählten Ort, um dort einen Brief an seine Oma zu schreiben. Der Antagonist wird dadurch bei seinem Eintreten von der Position des Protagonisten überrascht. Ein natürlicherer Einstieg in die Szene wird damit gefördert. Der Brief sollte auch tatsächlich geschrieben werden, weshalb Papier und Stift notwendige Requisiten sind. Der Antagonist überlegt sich vor dem Eintreten einen Gegenstand, den er unbedingt vom Protagonisten haben möchte, z.B. den neuen Gameboy. Das Spiel funktioniert nun nach folgenden Regeln:

Spieler 1 muss seinen Brief unbedingt fertigschreiben und verhindern, dass Spieler 2 den gewünschten Gegenstand bekommt und die Szene verlässt. Spieler 1 gewinnt, wenn er den Brief zu Ende geschrieben hat. Spieler 1 verliert, wenn Spieler 2 den Gegenstand vorher bekommt.

Spieler 2 muss versuchen, Spieler 1 dazu zu bekommen, dass er ihm den Gegenstand gibt, den er haben möchte. Sollte Spieler 1 auf stur stellen, kann ihn Spieler 2 damit erpressen, dass er geht, wenn er den Gegenstand nicht bekommt. Spieler 2 hat gewonnen, wenn er den Gegenstand bekommt. Spieler 2 verliert, wenn Spieler 1 den Brief beendet.

Wenn Spieler 2 die Szene verlässt, noch bevor Spieler 1 den Brief beendet oder er den Gegenstand bekommen hat, gibt es ein Unentschieden.

Diese Übung eignet sich auch hervorragend, um die "Absichten" einer Figur zu erklären. Mehr dazu im Kapitel Figur / Absichten.

KK: Ich gebe aus Gründen der Fairness meinen Schülern immer maximal 5 Minuten Zeit, die Übung zu beenden. Der Druck, ihr Ziel zu erreichen, wird damit erhöht und die Spielspannung gesteigert. Außerdem wird es mit zunehmender Spieldauer immer wahrscheinlicher, dass der Protagonist seinen Brief zu Ende schreiben kann. Manchmal reichen dafür auch nur 10 Sekunden, wie mir eine Schülerin eindrucksvoll bewies:

"Liebe Oma, mir geht's gut. Tschüss, Sandra." Seitdem gibt es von mir kreative Themenvorgaben für den Inhalt des Briefes, wie z.B. "Mein schönstes Urlaubserlebnis".

Der "Brief an die Oma" kann auch, wie im folgenden Beispiel, in offene Szenen übertragen werden. Die nächste Übung stammt aus dem klassischen Schauspielbereich und wird sehr gerne in Schauspielschulen im ersten Semester praktiziert. Neben der Struktur ist die "Wahrhaftigkeit" im Spiel oberste Priorität. Die Spieler sollen sich in der Übung gegenseitig überraschen und versuchen, so natürlich wie möglich auf das Problem zu reagieren.

Das Problem	2er-Szene	Struktur / Wahrhaftigkeit	ca. 5 Minuten

Wie bereits im "Brief an die Oma" werden die Spieler in Protagonist und Antagonist eingeteilt. Spieler 1 = Protagonist überlegt sich wieder einen geheimen Ort und eine beliebige Tätigkeit, anstelle des Briefschreibens. Spieler 2 ist währenddessen erneut vor der Tür und bekommt von den Vorbereitungen von Spieler 1 nichts mit. Z.B.: Spieler 1 = Protagonist liest ein Buch unter einem Stuhl. Der Antagonist vor der Tür überlegt sich ein Problem, mit dem er den Protagonisten konfrontieren will, z.B.: Spieler 2 hat sich das Lieblingsbuch von Spieler 1 ausgeliehen und nun hat es, ganz klassisch, sein Hund gefressen. Der Antagonist hat jetzt die Aufgabe, in den Raum zu kommen, den Platz und die Tätigkeit des Protagonisten wahrzunehmen und ihn mit dem Problem zu konfrontieren. Der Protagonist, der bis zu diesem Moment nichts von dem Problem wusste, soll nun spontan darauf reagieren: wütend, traurig, erleichtert etc. Ziel ist auch hier die Lösung, die allerdings nicht notwendigerweise positiv ausfallen muss.

Der Protagonist beendet die Szene, wie es ihm gefällt: Er kann dem Antagonisten die Freundschaft kündigen, ihn beschimpfen, ihn hinauswerfen, ihn selbst an den Hund verfüttern oder ihm doch einen Deal anbieten, z.B.: Als Entschädigung will er das neue Buch des Holznobelpreis-trägers "Brett vor dem Kopf" mit persönlicher Widmung.

KK: Diese Übung eignet sich hervorragend, um die "Wahrhaftigkeit im Spiel" zu trainieren. Die Tätigkeit von Spieler 1 sollte deswegen auch tatsächlich ausgeführt werden, das heißt: Wenn der Protagonist ein Buch liest, dann muss er ein Buch in der Hand halten und wirklich darin lesen. Und nicht nur so tun als ob. Das Publikum darf dafür gerne als Fachjury eingesetzt werden und "FAKE" rufen, wenn es einem kleinen Schwindler auf die Schliche kommt. Als Anfänger verfällt man gerne dem Irrglauben, dass Schauspieler nur "spielen". Nur so tun, als ob. Es heißt ja nicht umsonst Schau-SPIELER. Das ist so nicht ganz richtig. Die große Schauspielkunst liegt darin, das Publikum davon zu überzeugen, dass alles, was man als Schauspieler macht, auch tatsächlich stattfindet. Wenn ich also nur so tue, als ob ich ein Buch lesen würde, muss das Publikum glauben, ich würde es tatsächlich lesen. Bis unsere Schüler diesen Punkt erreicht haben, kann es oft wesentlich länger als 20 Ein-heiten dauern. Deshalb: Jede Tätigkeit tatsächlich ausführen, solange die beste Täuschung nur eine billige Kopie der Realität ist. (Aus dem Buch: Hölzerne Philosophie der Gegenwart, H. W. Urm)

Zum besseren Verständnis können wir die Arbeit an Protagonisten und Antagonisten ganz einfach mit der bereits bekannten Struktur einer Szene in Verbindung bringen:

Satz 1: Der Protagonist etabliert seine Routine.

Satz 2: Der Antagonist bricht die Routine, in dem er ein Problem etab-liert.

Satz 3: Der Protagonist findet die "Lösung" und beendet die Szene.

Eines der lustigsten Spiele für diesen Themenbereich möchte ich Ihnen natürlich auf keinen Fall vorenthalten …

Alle wissen es: Der Hamster ist tot. Vielleicht hatte er einen Namen, Henry, vielleicht war er glücklich in seinem Käfig, vielleicht wollte er auch nur schlafen, bis … ja bis der Antagonist damit beauftragt wurde, auf Henry aufzupassen. Und dann ist es passiert. Henry wurde ermordet. Kaltblütig oder in Notwehr? Das weiß nur einer. Der Antagonist muss die tragische Nachricht dem Protagonisten und ehemaligen Henry-Besitzer beibringen. Wie und wann er dies innerhalb der frei improvisierten Szene tut, ist ihm überlassen. Aber nur so lange, bis der erste im Publikum zu lachen beginnt. Und sie werden lachen … viel schneller, als es ambitionierten Spielern und Henry-Mördern lieb ist.

Aufbauhilfe für die **EINHEITEN 4 bis 7**:

Für eine bessere Strukturierung würde ich ab der 4. Einheit folgende, grobe Einteilung vorschlagen:

- **Warm-up**
- **Spiele**
- **Szenenstruktur:**
    - **Einheit 4: 3-Satz**
    - **Einheit 5: Wer Wo Was**
  ⇨ **Danach wird Punkt 2 "Spiele" durch "Freeze" ersetzt**
    - **Einheit 6: Antagonist / Protagonist**
    - **Einheit 7: Wiederholung 3-Satz, Wer Wo was, Antagonist & Protagonist**
- **Abschluss**

Kapitel 3: Die Figur – Der Spielcharakter entsteht

Ihre Schüler haben mittlerweile den Aufbau einer Szene und den Inhalt verstanden und fühlen sich damit sicher. Erste Figuren wurden ebenfalls im Rahmen der freien Improvisationen ausprobiert. Im folgenden Kapitel geht es nun darum, die Interaktionen und Beziehungen zwischen den Figuren näher zu beleuchten, um unseren Szenen mehr Substanz zu verleihen. Dies ist ein wichtiger Schritt auf dem Weg Richtung fertiges Stück. Klassische Schauspielübungen zur Figurenarbeit können leider nur am Rande angeschnitten werden, damit wir unser Ziel im vorgegebenen Zeitrahmen erreichen. Im Moment befinden sich die Holzwürmer in entspannter Sommerfrische und haben wesentlich mehr Interesse daran, ihr Gummiboot aufzupusten, als uns die Bretter unter den Füßen wegzufressen. Diese Tatsache müssen wir ausnutzen und klar zu unserem Vorteil verwenden. Mit Struktur zum Ziel.

3.1 Der Status (Einheit 8)

Bevor wir uns der Biographie zuwenden, möchte ich vorab den Begriff "Status" klären, damit er den Schülern jetzt schon bekannt ist und verwendet werden kann. Als Status versteht man die Stellung einer Person in einer Gruppe oder der Gesellschaft. So wie jeder von uns persönlich einen bestimmten Status besitzt oder oft auch nur spielt, besitzt auch jede Rolle ihren eigenen Status innerhalb einer Szene oder eines Stücks. Beim Status handelt es sich nicht um ein starres Konstrukt, sondern um eine Gegebenheit, die sich je nach Situation verändern und anpassen kann.

Als Einstieg in dieses Kapitel mache ich gerne einen Selbstversuch mit meinen Schülern. Ausgehend vom persönlichen Status nähern wir uns dem Status der Figur.

Die Schüler stellen sich in einer Gasse auf, und zwar so weit wie möglich voneinander entfernt und so, dass jeder einem Partner gegenüber steht. Auf ein Kommando, wie wär's spontan mit "LOS!", gehen die Schüler aufeinander zu. Erst im letzten Moment dürfen sie entscheiden, wie sie aneinander vorbeikommen. Einer muss ausweichen, ob er will oder nicht. Die Übung wird drei Mal wiederholt, damit kein Unentschieden möglich ist.

Im Anschluss wird die Klasse in 2 Gruppen geteilt:

Gruppe 1: Diejenigen, die öfters ausgewichen sind.

Gruppe 2: Jene Schüler, die vorwiegend gerade gegangen sind.

Die Analyse:

Ohne den Begriff Status vorab erklärt zu haben, stellen Sie Ihren Schülern folgende Frage: "Was glaubt ihr? Welche Gruppe ist Hochstatus und welche ist Tiefstatus?" Ich bin immer wieder schwer beeindruckt, wenn automatisch die richtige Antwort kommt, ohne dass ich viel erklären musste. Manchmal ist das Leben eines Leiters zu schön, um wahr zu sein.

Wie Sie sicher unschwer erkennen konnten, wird mit Gruppe 1 (die Ausweicher) automatisch der Tiefstatus und mit Gruppe 2 (die Sturen) der Hochstatus in Verbindung gebracht. Bei der Analyse ist es mir besonders wichtig, gleich darauf hinzuweisen, dass Tiefstatus nicht automatisch 'Loser' bedeutet, wie es von den Schülern oft und gerne assoziiert wird. Die Bezeichnungen "die Ausweicher" und "die Sturen" behalte ich natürlich wohlweislich für mich. Ein bisschen Pädagogik muss schon sein. Offiziell und in Gegenwart meiner Schüler verwende ich für Tiefstatus "die Rücksichtsvollen" und für Hochstatus "die Zielstrebigen".

Jeder Mensch wechselt, je nach Situation, in einen bestimmten Status. Ich kenne niemanden, der konsequent einen Status durchzieht. Wenn Sie jemanden kennen, dürfen Sie mir diese Ausnahmeerscheinung gerne vorstellen. Mein Lieblingsbeispiel ist immer der Chef einer großen Firma, der Hochstatus gegenüber seinen 100 Mitarbeitern besitzt. Kaum ist dieser Chef zuhause bei seiner Frau, muss er ganz schnell ihr gegenüber in den Tiefstatus wechseln, damit sie ihm sein Lieblingsessen kocht. Mehr zum Statuswechsel etwas später. Nur so viel dazu im Moment: Der Status ist flexibel und manchmal ist das sogar lebensnotwendig. Welcher Mann möchte schon gerne verhungern?

Um ein Gefühl für den jeweiligen Status zu bekommen, ist es wichtig, die Darstellung plakativ und überzeichnet umzusetzen. Hier finden Sie einige exemplarische Beispiele für die Darstellung des jeweiligen Status. Variationen und eigene Ideen der Schüler sind immer willkommen.

	Hochstatus	Tiefstatus
Gang	Aufrecht, stolze Brust	Gebeugte Haltung (vgl. ängstlicher Hund)
Gangart	Gerade, zielgerichtet	Zehen zeigen beim Gehen nach innen
Kinn	Leicht gehoben	Gesenkt
Blick	Offen und wach	Unruhig; Augen bewegen sich rasch
Blickrichtung	Von oben nach unten	Von unten nach oben
Augenkontakt	Wird gehalten	Kann nicht gehalten werden
Stimme	Ruhig, angenehme Lautstärke	Zu laut oder zu leise
Sprache	Im Bogen	Abgehackt, stotternd

Hoch- und Tiefstatus	Alle	Spaß / Körpergefühl	ca. 5 Minuten

Alle Schüler gehen durch den Raum. Der Spielleiter gibt den Status vor, in dem sich die Schüler befinden, und auch den Punkt, auf den sie sich konzentrieren sollen, z.B.: "Wir starten im Hochstatus. Fokus ist auf den Gang. Wie geht der Hochstatus?" Gleiches Spiel beim Wechsel in den Tiefstatus: "Wie ist der Augenkontakt im Tiefstatus?" Gerne mehrere Runden ausprobieren und möglichst alle Facetten darstellen.

KK: Um den Kindern ein Beispiel aus dem Alltag zu geben, bekommen die Jungs bei der Gangart im Hochstatus gerne von mir die Aufgabe, sich "so cool wie möglich" zu bewegen. Sie zögern keine Sekunde und präsentieren einen locker, lässigen Gang, breitbeinig aus der Hüfte und mit viel Coolness für die anwesenden Mädels. Auch die Mädchen der Gruppe sollen ein Gefühl für den männlichen Hochstatus bekommen und die Gangart der Jungs 1:1 übernehmen. Eigentlich mit der Absicht, den Mädchen in der Gruppe nun ihren Hochstatus näher zu erklären, folgt meine Anweisung: "Und jetzt der weibliche Hochstatus! Geht mal so weiblich wie möglich!" Und schon legen sie los. Also die Jungs, nicht die Mädchen. Während die meisten Mädchen bei dieser Übung unsicher und verlegen am Rand stehen, gibt's von den Jungs die bühnenreife Präsentation des weiblichen Hochstatus: Auf Zehenspitzen, Brust raus, Bauch rein und gaaanz viel Hüfte. Der Hochstatus liegt den Jungs einfach im Blut. Ich schiebe dieses Verhalten auf die Evolution, dann gibt es einen Schuldigen und die Jungs können weiter mit viel Spaß auf Zehenspitzen durch den Raum stolzieren.

Haben sich nun Jungs und Mädchen mit dem Status vertraut gemacht, kann die erste Übung dazu ausprobiert werden:

Die Status WG	4er-Szene	Statusstruktur	ca. 5 Minuten

Der Spielleiter bereitet dazu 4 Karten vor, auf denen jeweils eine Zahl von 1 – 4 steht. 4 Spieler werden nach vorne geholt. Jeder Spieler zieht eine Karte und damit auch seinen Status in der Szene. 1 = höchster, 4 = niedrigster Status. Der Status wird den Zuschauern nicht bekannt gegeben, er soll allein durch die Spielart der Figur sichtbar werden.

In der folgenden Szene geht es darum, dass in einer 4er WG ein Zimmer frei ist und ein neuer Mitbewohner gesucht wird. 3 Spieler haben eine Art "Mitbewohnercasting" ausgeschrieben, zu dem sich der 4. Spieler gemeldet hat. Der neue Bewerber wird von den 3 WG-Bewohnern durch die Wohnung geführt und zu seinen Qualitäten als neuer Mitbewohner befragt. Nach der Besichtigung wird von den 3 Bewohnern entschieden, ob der Bewerber in die WG aufgenommen wird oder nicht.

Nach der Entscheidung muss das Publikum den jeweiligen Status der Spieler erraten und analysieren, wie es zu der Entscheidung für oder gegen den Bewerber gekommen ist. Was war ausschlaggebend, und welche Rolle hat der Status in der Entscheidung tatsächlich gespielt?

Berufs-Status	2er-Szene	Sicherheit im Status	ca. 5 Minuten

Um den Status besonders schön zu zeigen, eignen sich kurze Szenen zum Thema "Beruf". In einer 2er-Szene übernimmt ein Spieler die Position im Hochstatus (z.B.: Chef), der andere übernimmt den Tiefstatus (z.B.: Sekretärin). Es geht bei dieser einfachen Übung nur darum, dass der Tiefstatus etwas vom Hochstatus braucht, z.B. eine Unterschrift auf den Papieren. Die Schüler sollen ihren Status so ausdrucksstark wie möglich spielen, Übertreibungen erbeten.

Paraderollen für diese Übung zum Ausprobieren:

Arzt	&	Patientin
Lehrer	&	Schüler
Richter	&	Angeklagter
Passant	&	Bettler
Wurm	&	Party-Zubehör-Lieferant

3.1.1 Der Statuswechsel

Wie bereits beim hungernden Chef erwähnt, ist der Statuswechsel ein wichtiges Mittel, um z.B. doch noch sein Ziel vom Schweinebraten mit Knödel zu erreichen. Wer immer im Hochstatus bleibt, wird schnell an seine Grenzen stoßen, und ein permanenter Tiefstatus ist in der heutigen Gesellschaft kaum überlebensfähig. Achten Sie selbst einmal darauf, gegenüber wem Sie sich selbst in welchem Status befinden. Die

Entscheidung können wir meistens selbst treffen. Hin und wieder passiert es aber doch, dass wir von unserem Gegenüber in einen bestimmten Status gedrängt werden. Je besser Sie sich und Ihr Verhalten kennen, desto besser können Sie diesen Punkt Ihren Schülern vermitteln. Aber Achtung: Lassen Sie nie zu, dass unsere Holzwürmer das Gefühl bekommen, sie hätten die Chance auf einen Hochstatus. Da müssen Sie knallhart bleiben und jeden Versuch der Statusübernahme im Keim ersticken, selbst im Angesicht der Wurm-Wunderwaffe: Gummibärchen und rosa Tütü. Nein, auch wenn die Würmer noch so niedlich im Tütü aussehen und mit Gummibärchen um sich werfen. Sie haben den Hochstatus in der Leitung der Theater AG, Ihren Schülern und allen Würmern gegenüber.

Der Statuswechsel innerhalb einer Szene ist eines der besten Ausdrucksmittel, um eine Szene spannend zu gestalten. Das Publikum will Veränderungen in den Figuren sehen, damit es mit einer Szene zufrieden ist. Diese Tatsache darf bei der Entwicklung des Stückes und der Charaktere nicht außer Acht gelassen werden.

Animierter Statuswechsel	2er-Szene	Struktur / Spaß	ca. 15 Minuten

Als lustiges Impro-Spiel für zwischendurch eignet sich der animierte (= geforderte) Statuswechsel hervorragend. Dazu wird eine 2er-Szene improvisiert, in der zu Beginn BERUF und der jeweilige STATUS definiert werden, z.B. Bäckerin im Hochstatus und Lehrer im Tiefstatus. Die beiden Spieler beginnen nun eine Szene und spielen ihren Status so lange, bis der Spielleiter klatscht und "Statuswechsel" ruft. Auf dieses Kommando hin wird die Szene weitergespielt, allerdings wechseln die Bäckerin zu Tiefstatus und der Lehrer in den Hochstatus. Der Wechsel kann mehrmals stattfinden. Dadurch werden die Schüler trainiert, einen bestimmten Status schnell anzunehmen und auszuführen.

Natürlicher Statuswechsel	2er-Szene	Sicherheit im Wechsel	ca. 20 Minuten

Nachdem der Statuswechsel in den Szenen unseres Stücks nicht von außen bestimmt wird, wollen wir mit den Schülern an dieser Stelle den natürlichen Statuswechsel üben. In einer 2er-Szene, für die meine Schüler 10 Minuten Vorbereitungszeit bekommen, sollen sie eine Szene spielen, in der die zwei Figuren durch einen bestimmten Grund ihren Status wechseln. Einer beginnt im Hoch-, der andere im Tiefstatus. Logisch. Sonst wäre das mit dem Wechsel auch etwas schwierig. Ein schönes Bild dafür ist eine Wippe. Ich stehe meistens mit ausgebreiteten Armen vor den Schülern und demonstriere bildgewaltig den Wechsel von Hoch zu Tief und wieder zurück. Ja, ich bleibe meinen darstellerischen Fähigkeiten treu, selbst nach diesem erbaulichen Satz eines 12jährigen zu seiner Spielpartnerin: "Ich weiß jetzt, um was es geht! Marie, in unserer Szene spielst Du die Wippe!"

KK: Bevor meine Schüler loslegen, mache ich ein kleines Brainstorming, in der Hoffnung, in den kommenden Szenen verschiedene Gründe für einen Statuswechsel zu sehen. Meine dementsprechende Frage dazu an die Gruppe lautet: "Was gibt es für einen Grund, um vom Hoch- in den Tiefstatus zu wechseln? Und wie kommt man aus dem Tiefstatus wieder heraus?" Ich notiere die Gründe für einen Wechsel auf eine Tafel – falls vorhanden – um den Schülern für diese Übung eine Art Nachschlagewerk zur Verfügung zu stellen. Man kann es ja mal probieren. Seien Sie aber nicht traurig, wenn sich 99% Ihrer Schüler für dieselbe Variante entscheiden: Knallharte Erpressung! Das Leben ist offensichtlich schon spaßig genug.

Beispiele für Hoch → Tief:

- Hoch unterläuft ein Fehler
- Hoch ist auf etwas dringend angewiesen, was Tief besitzt
- Hoch verzichtet auf seinen Status, um sich mit Tief zu verbünden

Beispiele für Tief → Hoch:

- Tief entdeckt an sich eine Fähigkeit, die ihn besonders macht
- Tief kommt in den Besitz von etwas, das Hoch dringend benötigt
- Tief nutzt den Fehler von Hoch, um ihn damit zu erpressen

Verdrehter Status	2er-Szene	Absurd / viel Spaß	ca. 15 Minuten

Drehen Sie doch mal einfach den Status um und verlassen Sie sich auf die Kreativität Ihrer Schüler. Was passiert, wenn bei einem Banküberfall der Bankräuber Tiefstatus und der überfallende Bankbeamte Hochstatus besitzt? Oder der Lehrer mit Tiefstatus einen Schüler im Hochstatus nach vorne an die Tafel zur Prüfung holt? Einfach ausprobieren, als Leiter zurücklehnen und Spaß haben. Man gönnt sich ja sonst nichts.

3.2 Die Biographie (Einheit 9)

Keine Angst, auch das größte Gejammer wird verstummen, wenn Sie Ihre Schüler mit der Aussage locken: "Ihr dürft Euch jetzt Eure erste Figur überlegen, die eventuell bereits für das Stück verwendet werden könnte!" Nein, wir sind nicht im Deutschunterricht. Wir schreiben doch keine Biographie. Wir erfinden unsere Figur. Natürlich sind unsere Schüler nicht blöd und werden relativ schnell drauf kommen: "Hey, wir müssen ja Biographien wie im Deutschunterricht schreiben." Dann einfach nur lächeln und loben: "Genau. Richtig. Du bist super, da ist nicht viel Unterschied, und ich weiß, dass Ihr Euch damit schon ganz toll auskennt." Und der Wink mit dem Zaunpfahl Richtung Stück ist ab der Einheit 10 unbedingt notwendig, damit nicht der Eindruck entsteht, wir hätten unser Ziel aus den Augen verloren. Sollte jetzt erst das Jammern ausbrechen, einfach Zettel und Stifte austeilen und weiterlächeln. Animation ist das A und O. Wenn gar nichts mehr geht, lernen Sie von den Besten: Gummibärchen raus und ordentlich bestechen. Wir kämpfen um unseren Hochstatus und um unser Stück mit allen Waffen.

Damit ich meine Schüler nicht komplett ins Leere laufen lasse, notiere ich auf der Tafel immer Punkte / Daten, die ich von ihrer Spielfigur unbedingt wissen möchte. Außerdem sehen sie dadurch gleich, dass der Arbeitsaufwand mehr als überschaubar ist:

NAME, ALTER, BERUF, FAMILIE (ELTERN, GESCHWISTER), FAMILIENSTAND, HOBBY

WAS LIEBT MEINE FIGUR?

WAS HASST MEINE FIGUR?

DER GRÖSSTE WUNSCH MEINER FIGUR?

DAS GEHEIMNIS MEINER FIGUR?

Warum ich mich für genau diese Fragen entschieden habe?

Die Daten wie Name, Alter, etc. sollten geklärt werden, um in groben Umrissen einen Charakter zu zeichnen. Wenn ich weiß, was meine Figur liebt, habe ich für die kommenden Szenen die Möglichkeit, das Handeln der Figur rein auf diese Liebe auszurichten. Das gleiche gilt natürlich auch für den Hass, dem ich meine Figur aussetzen kann, damit sie gegen etwas kämpft. Oder sie ist das gesamte Stück daran interessiert, dass ihr größter Wunsch in Erfüllung geht. Auch eine andere Figur kann meiner Figur den Wunsch erfüllen oder mein Geheimnis erfahren und meine Figur damit erpressen.

Wie Sie sehen, entstehen durch solche Fragen Handlungsmöglichkeiten für die Figur im Stück. Sie können sich gerne weitere oder für Ihr Stück passendere Fragen überlegen. Je älter die Schüler sind, desto präziser können die Fragen ausformuliert werden. Vor allem in Kurs IV (15 – 19 Jahre) gebe ich meinen Schülern bis zum nächsten Kurs Zeit, sich umfassend mit der Biographie zu beschäftigen.

Um die Fantasie der Schüler anzuregen, empfehlen sich in der ersten Biografiestunde Übungen und Szenen zu diesem Thema. Dabei geht es nicht darum, sofort einen Spielcharakter für das Stück zu finden. Vielmehr sollen die Schüler frei von der Leber weg mehrere Figuren zum Leben erwecken, um sich dann daraus ihre eigene Figur bauen zu können.

Wechselbiographie	Alle	Fantasie / Verständnis	ca. 20 Minuten

Als Einstiegsübung schreibt jeder auf einen Zettel eine kurze Beschreibung einer fiktiven Figur. Dabei sollte es sich unbedingt um einen Menschen handeln, damit in weiterer Folge die Szenen auch tatsächlich gespielt werden können. Lassen Sie sich erst gar nicht auf eine Diskussion ein, ob ein Alien als Mensch gilt oder nicht. Diese Diskussionen habe ich bis jetzt immer verloren und wurde mit ca. 15 Alien-Biographien beglückt, die meine Fähigkeiten im Bereich *Special Effects* bei weitem sprengten. Diese Fantasie darf in den Improvisationen gerne ausgelebt werden, für eine Biographie sollten nur Menschen genutzt werden. Keine Zombies, Vampire oder Werwölfe. Lebende, stinknormale Menschen. Das Einfache ist ab und zu das Schwierigste überhaupt. Die notierten Biographien werden nach erfolgreicher Diskussion dem Spielleiter abgegeben und in neuer Reihenfolge wieder an die Klasse ausgeteilt. So erhält jeder eine neue Biographie / Rolle, die er für die folgende Stunde behält.

1. Jeder präsentiert vor der Klasse kurz seine neue Rolle.

2. Die Figuren sollen sich nun anhand von Ähnlichkeiten oder Übereinstimmungen zu Gruppen zusammenfinden. Z.B.: Die Friseurin liebt Hunde und schließt sich deshalb mit der Polizistin zusammen, die seit Jahren mit Hunden trainiert. Die Gruppengröße wird von der Schüleranzahl bestimmt, maximal aber 5.

3. Die Gruppe überlegt sich einen gemeinsamen *Ort*, an dem die Figuren aufeinandertreffen, und einen …

4. *Grund*, warum sie sich treffen.

10 Minuten Zeit zur Vorbereitung, anschließend Präsentation der Szene vor der Klasse. Dieses Spiel kann gerne mehrmals wiederholt werden, damit viele Beispielbiographien entstehen. Außerdem ist es eine hervorragende Übung, um Flexibilität und Spontanität zu trainieren. Vor allem für Schüler, die gerne an ihren eigenen Ideen kleben.

First Date	6 - 8 Spieler / 2er-Szenen	Biographie & Beziehung	ca. 30 - 40 Minuten

Diese Übung geht auf das geniale Impro-Format "Blind Date" zurück, das ich in einem Workshop mit dem bekannten kanadischen Improspieler Doug Nunn kennenlernte und ausschließlich in Kurs IV anwende. Warum? Schauen Sie sich bitte noch mal den Titel an. Und dann bringen Sie damit einen 10jährigen in Verbindung, der Mädchen dermaßen blöd findet, dass allein der Gedanke daran, neben einem Mädchen stehen zu müssen, ihn in seinen Grundfesten erschüttert. Wenn Sie jetzt noch immer überlegen, muss ich Sie bitten, Ihre Taschen zu leeren. Mit wie vielen Gummibärchen haben die Würmer versucht, Sie auf ihre Seite zu ziehen? Bei weniger als 10 Bärchen haben Sie sich absolut unter Ihrem Wert verkauft!

Deshalb: Von 15 Jahren aufwärts ist diese Übung absolut kein Problem und macht den meisten Schülern riesengroßen Spaß, weil sie sich ungezwungen in einer Date-Situation näher kommen. Sie kennen Ihre Gruppe und können abschätzen, ob diese Übung in Frage kommt oder nicht.

Gruppengröße: 6 bis 8 Spieler, die Hälfte Mädchen und die Hälfte Jungen. Wenn es für die Klasse ok ist, können auch mehr Mädchen mitspielen und sich in der zweiten Runde zum ersten Date treffen.

1. **Der Charakter entsteht:** Spieler 1 beginnt und setzt sich auf einen Stuhl vor die Klasse. Der Spielleiter fragt nun das Publikum nach Name, Alter und Beruf des ersten Charakters, z.B.: Charly, 19, Dachdecker. Gleich nachdem die Figur ihre Eckdaten erhalten hat, startet auch schon das Video (nächster Punkt). Erst wenn jeder Mitspieler seine Figur bekommen und das Video 'aufgenommen' hat, geht es weiter mit Punkt zwei.

1.2 **Das Vermittlungs-Video wird gedreht:** Charly, der Dachdecker, ist nun in einer Partneragentur und nimmt einen kurzen Werbefilm zu seiner Person auf. Der Spieler bleibt auf dem Stuhl sitzen und stellt sich vor, dass sich vor ihm eine Kamera befindet, in die er hinein spricht. Der Spielleiter kann dabei als Moderator auftreten und durch Zwischenfragen weiterhelfen. Z.B.: "Charly, stell Dich doch mal kurz vor. Warum bist Du hier? Wie soll Deine Traumfrau aussehen? Was ist Dir bei einer Frau wichtig? Was kannst Du einer Frau bieten?"

2. **Der Partner zum Kennenlernen wird ermittelt:** Da jetzt alle Mitspieler ihren Charakter bekommen und das Video gedreht haben, schreibt der Spielleiter die Namen auf Zettel und lässt

von einem Zuschauer eine beliebige Kombination ziehen. Z.B.: Charly, der Dachdecker, und Katrin, die Sekretärin.

3. **Das Date findet statt:** Die ausgewählten Figuren treffen nun beim ersten Date aufeinander. Das Date soll so lange gespielt werden, bis jedem klar ist, ob er den anderen noch mal wiedersehen möchte. Als Abschluss kann der Spielleiter direkt fragen: Charly, möchtest Du Katrin noch mal zu einem zweiten Date treffen?

4. **Was nach einem Jahr übrig ist:** Egal wie sich die Kandidaten beim ersten Date entschieden haben, wir sehen eine Szene mit den Figuren ein Jahr später. Diejenigen, die sich beim ersten Date gegen ein Wiedersehen entschieden haben, können sich nach einem Jahr zufällig im Supermarkt treffen. Die Ja-Sager sind vielleicht mittlerweile seit einem Jahr zusammen oder haben sich in der Zwischenzeit bereits wieder getrennt. Dieser Zeitsprung gibt den Schülern die Möglichkeit, über eine weitere Entwicklung ihrer Figur nachzudenken und zu entscheiden.

3.3 Die Absicht oder: was will meine Figur (Einheit 10)

Jede Figur verfolgt in jeder Szene eine gewisse Absicht bzw. ein bestimmtes Ziel. Diese Absicht kann direkt auf die andere Figur bezogen sein, wie z.B. "Meine Figur will Deinen Gameboy". Oder es kann sich auch um eine innere Absicht handeln, wie z.B. "Meine Figur will sich durchsetzen". Wir haben bereits in der einfachen Übung "Brief an die Oma" (vgl. Kap. 2.3 Interaktion der Figuren) das Verfolgen von Absichten beobachten können. Zur Erinnerung: Spieler 1 hatte die Aufgabe = Absicht, einen Brief an die Oma zu schreiben, während Spieler 2 die Aufgabe = Absicht hatte, Spieler 1 um einen Gegenstand zu bitten. Je nachdem, zu welchem Ende die Szene gekommen ist, wurde die Absicht erreicht oder nicht erreicht. Klingt einfach – und das ist es auch.

| Ich will den letzten ... | 4er-Szene | Kampf um das Ziel | ca. 5 Minuten |

Dabei handelt es sich um eine improvisierte Übung, in der vier Charaktere die gleiche Absicht verfolgen: Sie wollen den letzten Sitzplatz, die letzte Karte oder etwas anderes ergattern. Alle wollen das, was es nur noch einmal gibt. Dabei kann man sich eine fiktive Situation überlegen, z.B. es gibt nur noch ein Ticket für das ausverkaufte Konzert von Robbie Williams. Als Symbol für die letzte Karte steht ein einzelner Stuhl auf der Bühne. Die 4 Charaktere treffen nun aufeinander. Jeder verfolgt die Absicht, nicht ohne diese Karte nach Hause zu gehen. Die Szene ist dann zu Ende, wenn sich eine Person durchsetzt bzw. auf dem Stuhl Platz nimmt.

KK: Im Anschluss an diese Übung kann eine Diskussion über den jeweiligen Status der Figuren sehr spannend sein. Außerdem sollte analysiert werden, mit welchen Strategien jede Figur versucht hat, ihre Absicht zu verfolgen. Ja, richtig, die Übung kann auch schon nach 2 Sekunden vorbei sein, wenn sich einer der Spieler auf den Stuhl setzt und dieses Vorgehen von den anderen protestlos akzeptiert wird. Spannend. Beenden Sie nicht sofort die Übung. Nur wenige Schüler werden sich ohne weiteres unterwerfen lassen. Vielleicht gibt es ja doch noch einen schönen Streit. Lassen Sie Ihren Schüler die Zeit dafür.

Das Prinzip der Absichten:

Meine Figur hat eine **ABSICHT**. Diese Absicht versucht meine Figur mit verschiedenen **TAKTIKEN** zu erreichen. Ist die Szene vorbei, habe ich meine Absicht erreicht, d. h. ich hatte **ERFOLG,** oder ich habe sie nicht erreicht, d. h. ich bin **GESCHEITERT.**

Absicht + Taktik = Erfolg oder Misserfolg

Meine vs. deine Absicht	Bis zu 4 Spieler	Taktik	ca. 5 Minuten

Für diese Szene wird eine klare Situation definiert, z.B. in der Klasse, kurz vor der Deutscharbeit. Jeder Spieler überlegt sich eine Absicht, die er in der folgenden Szene verfolgen und im besten Fall auch erreichen will. Bis zu 4 Spieler, die innerhalb dieser ansonsten freien Szene 'aufeinander losgelassen' werden.

Nach der Szene werden die jeweiligen Absichten besprochen, die Taktiken, die angewendet wurden, um die Absichten zu erreichen, und warum die jeweilige Figur Erfolg hatte oder gescheitert ist.

KK: Wenn die Schüler das Prinzip der Absicht bzw. des Ziels verstanden haben, können Sie sicher sein, dass die Szenen mehr Tiefe und Notwendigkeit bekommen. Eine Figur, die in einer Szene nichts will, ist sinnlos. Um noch einmal aus dem Theaterbereich zu zitieren: "Eine Pistole auf der Bühne, die nicht schießt, kann genauso gut durch eine Banane ersetzt werden!"

3.4 Die Emotionen – meine Figur lebt

Mit dem fixen Ziel "unser Stück" vor Augen, ist es nicht möglich, auf diesen Punkt so einzugehen, wie er es verdient hätte. Trotzdem möchte ich ihn kurz anreißen und Ihnen die Möglichkeit bieten, mit Ihren Schülern erste Schritte in diese Richtung zu unternehmen. Eines steht fest: Ohne Emotion ist eine Figur tot. Da ich mir sicher bin, dass Ihre jungen Akteure bereits in den Improvisationen und vorherigen Übungen ihre Figuren mit Emotionen gespielt haben, sind Sie auf der sicheren Seite. Ihre Schüler wissen, was Emotionen sind. Diese exakt zu erlernen und sie schauspielerisch einwandfrei darzustellen, würde ca. 4 Jahre intensiven Trainings bedeuten. Wenn Sie diese Zeit haben, wenden Sie sich gerne an mich, und ich komme mit meinen Würmern vorbei. Ja, unsere Würmer wurden quasi durch Gummibärchen geläutert. Nach 15 Kilogramm war ihnen offensichtlich so flau im Magen, dass sie spontan ihre Taktik geändert und beschlossen haben, ab sofort mit, statt gegen uns zu arbeiten. Allerdings musste ich ihnen versprechen, dass sie im Tütü arbeiten dürfen. Ich habe mal ja gesagt und warte jeden Moment darauf, dass ich es bereue. Das nur am Rande, jetzt weiter im Thema:

Um die Improvisationen mit der neuen Figur abwechslungsreicher zu gestalten, bieten sich Übungen zum Thema "Emotionen" zwischendurch immer mal wieder an.

Der Wutball	Alle	Energie & Emotion	ca. 10 Minuten

Für den ersten Einstieg finde ich die Übung "Wutball" auflockernd und für die Schüler in einem sicheren Rahmen durchaus befreiend. Der Spielleiter benötigt dafür einen weichen Ball, der fest gegen die Wand geworfen werden kann, ohne ein Feld der Verwüstung zu hinterlassen. Die Kinder stellen sich hintereinander in einer Reihe an. Das erste Kind bekommt den Softball und die Aufgabe, den Ball mit voller Kraft gegen die Wand zu werfen und im Augenblick des Abwurfes etwas zu rufen, über das es sich schon einmal wahnsinnig geärgert hat. Bei dieser Übung werden auch gerne mal Namen von Lehrern genannt oder Schulfächer. Dabei gibt es von mir nur eine Einschränkung: Personen aus der eigenen Klasse dürfen nicht genannt werden.

Diese Übung verbindet Körper und Stimme. Die Kraft aus dem Wurf sollte im besten Fall in die Stimme gelegt werden. Volle Kraft = volle Stimme = volle Lautstärke. Eine ganzheitliche Übung mit viel Spaß zum Abreagieren für die Schüler.

Im zweiten Schritt wollen wir bereits Text mit Emotionen verknüpfen. Dazu nehmen Sie beliebige Texte aus der Literatur, Kinderlieder oder frei Erfundenes von ihren Schülern. Der Inhalt ist egal, Hauptsache die Schüler haben etwas, dass sie sagen können.

Emo-Sätze	2er-Szene	Text in Emotion	je ca. 5 Minuten

Zwei Spieler stehen einander gegenüber, zwischen ihnen steht ein Stuhl als Abstandshalter. Als Textvorgabe wird ein 4-Zeiler verwendet, den die Schüler auswendig können müssen, gerne ein Gedicht oder aber auch vollkommen sinnlose, frei erfundene Sätze. Ablesen ist bei dieser Übung hinderlich und deshalb nicht empfehlenswert. Nun werden die Sätze abwechselnd in einer zuvor bestimmten Emotion gesprochen, z.B.: WUT

Spieler 1: Ich möchte diesen Schirm kaufen.

Spieler 2: Wir verkaufen keine Schirme.

Spieler 1: Dann möchte ich eine Semmel kaufen.

Spieler 2: Sie sind in einer Wäscherei.

KK: Ich lasse solche Kurz-Szenen gerne in den 4 Hauptemotionen (Freude, Hass, Trauer, Liebe) wiederholen. Sie haben es erraten: Liebe ist der Knaller unter den Schülern. Mit vollster Hingabe wird diese Emotion dermaßen übertrieben dargestellt, dass sich selbst ein Soap-Schauspieler noch eine Scheibe abschneiden könnte. Die Schüler machen sich über die "Liebe" gerne lächerlich oder blockieren mit einem finsteren Gesicht und den Worten: "So einen Sch* will ich nicht spielen!" In Kurs III ist diese Emotion noch zu weit weg und in Kurs IV bereits zu nah, um sich ernsthaft damit auseinandersetzen zu können. Quälen wir also unsere Schüler nicht, das macht die Emotion im wirklichen Leben schon genug. Meine Vorgabe lautet deshalb nur mehr "Freundschaft", wenn ich versuche, in Richtung Liebe zu gehen. Freude, Hass und Trauer sind o.k. Die gehen meistens wie von selbst, versprochen.

Um meinen Schülern die Scheu zu nehmen, verwende ich gerne einen Trick aus der Schauspieltechnik. Dabei gebe ich den Schülern zu den Emotionen technische Anweisungen, wie die Emotion glaubhaft erscheint, ohne sie "wirklich fühlen zu müssen". Natürlich, jeder gute Schauspieler sollte die Emotion spüren, die er spielt. Niemand gewinnt einen Oscar, indem er das Gefühl nur spielt. Der einprägsamste Satz meines Schauspiellehrers lautete: "Spiel nicht, fühl!" Das ist schwer. Sehr schwer. Zu schwer für unsere Schüler und für unser Ziel auch absolut nicht notwendig. Diese kleinen, oberflächlichen Tricks gebe ich Ihnen als Stütze mit:

Freude: Augen groß machen, lachen, im Raum herum hüpfen, die Arme zum Himmel reißen, tanzen, singen bzw. alles, was Spaß macht!

Hass: Tiefes und geräuschvolles Atmen (vgl. mit einem schnaubenden Stier), Augen klein machen, Augenbrauen zusammen ziehen, von unten nach oben den Gegner anschauen, laute Stimme, geballte Fäuste, in Kampfposition gehen.

Trauer: Mehrmals schlucken, zitternde Stimme, Gähnen antäuschen (ein unterdrücktes Gähnen kann durchaus mit beginnendem Weinen verwechselt werden. Wenn gar nichts geht: Gesicht in den Händen verstecken und mit vollster Hingabe losschluchzen. Es muss nicht immer wahrhaftig sein!)

Liebe: Für die ganz Mutigen unter Ihnen: weiche, warme Stimme, schüchtern, langsamer und tiefer Atem, den anderen an den Händen nehmen und (für manche "leider") Gefühl, Gefühl, Gefühl. Reine Technik ist dafür zu plump.

Emo-Achterbahn	2er-Szene	Emotionen / Schnelligkeit	ca. 10 Minuten

Für fortgeschrittene bzw. wagemutige Schüler kann folgende Übung aus dem Improvisationstheater ausprobiert werden: die "Emo-Achterbahn". Dazu brauchen wir zwei Spieler, einen Spielleiter, Zettel und Stift. Das Publikum wird nach 5 bis 10 Emotionen gefragt, die vom Spielleiter auf den Zettel notiert werden. Nach einer weiteren Vorgabe, z.B. Ort = Freibad, beginnen die Spieler gleich mit ihrer Szene. Wann immer der Spielleiter Lust hat, kann er die Emotion der Spieler mit folgenden Worten ändern: "Stopp. Spieler 1 weiter mit Freude / Wut / Trauer etc." Die Spieler müssen, trotz Wechsels, an ihrer Geschichte dran bleiben, durch die sie emotional geschaukelt werden wie in einer Achterbahn.

Emo-Cards	Immer möglich	Spontane Emotionen

Basteln Sie gerne? Dann fertigen Sie sich ganz einfach sogenannte Emo-Cards, indem Sie auf jede Karte eine Emotion schreiben. Diese Emotionen können vor oder während einer improvisierten Szene gezogen und direkt eingebaut werden, ähnlich dem Prinzip der Emo-Achterbahn. Die Karten können auch noch zu einem späteren Zeitpunkt in den bereits fixierten Szenen zum Einsatz kommen, um Emotionen auszuprobieren und das Spielspektrum der Schüler zu erweitern.

Der emotionale Bogen	2er-Szene	Struktur / Emotion	ca. 20 Minuten

Damit eine Szene spannend und 'menschlich' erscheint, ist neben dem Statuswechsel einer Figur die emotionale Entwicklung ein wichtiges Werkzeug. Je stärker die emotionale Veränderung einer Figur innerhalb einer Szene bzw. innerhalb des gesamten Stückes ist, desto interessanter und vielschichtiger ist sie für das Publikum. Immer das gleiche ist auch irgendwann langweilig. Deshalb bietet es sich an, die emotionale Entwicklung bereits jetzt zu üben, bevor Figuren und Szenen für das Stück fixiert werden.

Die Schüler überlegen sich in 2er-Gruppen eine Szene mit der emotionalen Entwicklung ihrer Figuren. Dies wird auf einem Zettel notiert. Beispiel: Katrin, die Sekretärin, trifft auf Marie, das Zimmermädchen. Katrin ist unzufrieden damit, wie Marie die Zimmer putzt. Sie droht Marie mit der Kündigung. Marie darf den Job nicht verlieren, weil ihr Mann schwer krank ist, und bricht in Tränen aus. Katrin bekommt ein schlechtes Gewissen und bietet Marie statt der Kündigung eine Gehaltserhöhung an.

Emotionaler Bogen von Katrin: unzufrieden → wütend → fühlt sich schuldig → großzügig

Kapitel 4: Das Stück – auf die Bretter …

Ein kleiner Tipp bereits vorweg: Sollten Sie noch Angst vor der geballten Kreativität Ihrer Schüler haben, dann holen Sie sich für Ihr erstes Stück Orientierungshilfe in Form von Märchen, Sagen, Romanen etc. Ich werde Ihnen die Entstehung des Stücks "Paris' Party" (das vollständige Stück finden Sie am Ende dieses Buches) mit Hilfe des Märchens "Der Geburtstag der Infantin" von Oscar Wilde näher bringen, aber auch aufzeigen, wie eigene Ideen Ihrer Schüler in einen dramaturgisch nachvollziehbaren Rahmen gebracht werden können. Danach haben Sie die Möglichkeit selbst zu entscheiden, wie viel Kreativität Sie sich selbst und Ihren Schülern zumuten möchten.

Für ein komplett selbst erfundenes Stück würde ich folgende Vorgehensweise vorschlagen: Bevor Sie sich mit den Schülern passende Figuren überlegen, starte Sie mit der Auswahl des Ortes. Mit vielen Orten assoziieren unsere Schüler bereits bestimmte Figuren, was Ihnen helfen kann, sich schneller zu orientieren.

4.1 Der ORT (Einheit 11)

Offene Orte wie z.B. ein Hotel, ein Flughafen oder ein Bahnsteig eignen sich hervorragend, wenn man seine Schüler in der Figurenauswahl nicht zu sehr einschränken möchte. Hier können (fast) alle Figuren erscheinen, die der Fantasie unserer Schüler entspringen. Haben Sie sich mit Ihren Schülern nicht für das Genre Science-Fiction entschieden, gilt ganz klar die Regel: Wir spielen Menschen und nein, Roboter und Aliens gehören nicht dazu.

Wenn wir bereits eine bestimmte Figurenkonstellation im Kopf haben, müssen wir den Ort spezifizieren, um damit die Ideen in eine gemeinsame Richtung zu bringen, z.B. "Operationssaal in einem Krankenhaus".

Damit ist schon mal eindeutig, dass willkürliche Besucher des Krankenhauses nicht auftauchen können. Hoffentlich.

KK: Wie viel Einschränkung und Präzisierung beim Ort tatsächlich notwendig sind, hängt stark von der jeweiligen Gruppe ab. Sinnvoll ist es auf jeden Fall, mehrere Orte als Idee in den Raum zu stellen und für diese Orte auch gleich 'passende' Figuren zu überlegen, noch bevor irgendetwas festgelegt wird. Mein Lieblingssatz in diesem Stadium: "Wir überlegen nur, alles ist möglich und nichts ist fix!"

Paris Party: Bei einem Märchen wissen wir bereits über den Ort und die Figuren Bescheid. Wir müssen nun als erstes entscheiden, welche Orte auf der Bühne gezeigt werden sollen und welche wir vernachlässigen können. Dabei müssen Sie als Leiter die Entscheidung "im Sinne der Bühne" treffen. Welche Orte können tatsächlich dargestellt werden und welche Situationen müssen an anderen Orten stattfinden? Orientieren Sie sich nicht zu stark am Märchen, das schränkt nur ein. Veränderungen sind notwendig und erwünscht, wenn Sie Ihrem Stück eine individuelle Note geben möchten. Ich habe "Den Geburtstag der Infantin" 2011 mit der Schauspielgruppe der HLW Spittal/Drau bearbeitet. Nach den ersten Improvisationen haben wir uns auf folgende zwei Bühnenorte geeinigt: Das Zimmer von Paris und die Küche des Freaks als Bild 1. Dabei wurde das Zimmer links und die Küche rechts aufgebaut. Nach einem kompletten Umbau war Bild 2 der Partyraum von Paris. Damit konnte mit nur einem Umbau die gesamte Geschichte erzählt werden.

4.2 Die Biographie – die Spielfiguren entstehen

Nachdem der Ort feststeht, müssen Sie sich mit Ihren Schülern auf ein Ereignis an diesem Ort einigen, das mehrere Personen an diesen Ort bringt.

Einigen Sie sich mit Ihren Schülern auf **EINEN ORT**
und **EIN** verbindendes **EREIGNIS**

Beispiel:

Ort: Hotel

Ereignis: Gewinn bei einem Preisausschreiben

Mit diesen zwei Attributen haben wir bereits eine erste Ahnung davon, wohin das Stück gehen kann. Der Ort ist offen für jede Anzahl von Mitspielern. Sowohl naheliegende Figuren wie die Verwandtschaft, Kellner oder Zimmermädchen als auch diverse Gäste können in Erscheinung treten. Die Schüler sollten bei der Auswahl ihrer Figur und Biographie so wenig wie möglich durch die Vorgabe eingeschränkt werden.

Diese frühe Entscheidung für einen gemeinsamen Ort ermöglicht es besonders schüchternen Schülern schnell eine 'passende' Rolle zu finden. Wenn man seiner eigenen Idee noch nicht vertraut, ist es immer ratsam, auf eine akzeptierte Rolle zurückzugreifen, wie z.B. auf das Zimmermädchen.

Nun bekommt jeder Schüler ca. eine Woche Zeit, sich für diesen Ort und dieses Ereignis eine Figur zu überlegen. Je kreativer und umfassender die Biographie gestaltet wird, umso besser.

KK: Machen Sie Ihre Schüler darauf aufmerksam, dass es keine Schande ist, wenn Ihre Figur eine glückliche Kindheit hatte. Altersbedingt widmen sich vor allem Schüler ab Kurs III mit vollster Hingabe tragischen, grausamen und einsamen Kindheitserinnerungen ihrer Figur. Natürlich ist das möglich. Bei 12 Spielfiguren darf schon mal eine tragische Kindheit dabei sein. Haben wir es in unserem Stück allerdings mit 12 tragischen Kindheiten zu tun, würde ich über eine spontane Ortsänderung nachdenken. Ich möchte meinen Schülern nichts verbieten, aber ich versuche ihnen immer Alternativen nahe zu legen, um zwischen den Figuren die größtmögliche Spannung zu erreichen. Gegensätze sind spannend. Wenn alle gleich sind, bleibt es nett. Und wer will schon ein nettes Stück? Keine Angst, bevor Ihnen unsere neuen Wurm-Mitarbeiter zu Hilfe eilen, habe ich mich schon um sie gekümmert. Ich habe sie mit den ersten Entwürfen für das Bühnenbild beauftragt. Im Supermarkt gab es Malbücher im Sonderangebot.

Paris Party: In der Märchenvorlage sind die Figuren bereits sehr schön charakterisiert. Diese Grundzüge dürfen auf jeden Fall in das Stück übernommen und gerne ausgebaut werden. Was gut ist, darf gerne gut bleiben. Bei neuen Figuren, wie z.B. den Spice Girls, sollte besonders aufgepasst werden, dass sie sich in das bereits bestehende Figurensystem gut einfügen. Oscar Wilde hatte leider durch seinen frühen Tod 1900 keine Möglichkeit mehr, sich über die Spice Girls selbst Gedanken zu machen.

Die Fragen bezüglich einer Biographie haben wir bereits in Kapitel 3.2 geklärt. In diesem Kapitel gehe ich noch einmal etwas expliziter auf den Sinn der Fragen ein:

- Was liebt / hasst die Figur? → wichtig für den **Charakter**

Beim Charakter handelt es sich nach Aristoteles um die ausgeprägte Eigenheit, die klarstellt, woran man die Figur erkennt und wodurch sie sich von anderen unterscheidet. Kurz gesagt: Ihre Persönlichkeit. Um meine Schüler vor allzu psychologischen Diskursen zu bewahren, begnüge ich mich mit den zwei stärksten Attributen einer Persönlichkeit: Liebe und Hass. Meiner Meinung nach absolut ausreichend für eine grobe Skizzierung.

- Was ist der größte Wunsch der Figur? → wichtig für **das Ziel / die Absicht**

Wie bereits erwähnt, kann der Wunsch einer Figur dazu führen, dass sie das gesamte Stück damit beschäftigt ist, ihren Wunsch Wirklichkeit werden zu lassen. Wunsch = ihr Ziel oder ihre Absicht. Dieser Punkt wurde bereits ausführlich in Kapitel 3.3 erläutert. In "Paris Party" besteht die Absicht des Freaks ganz klar darin, den Wald zu verlassen, um eine Freundin zu finden.

- Welches Geheimnis hat die Figur? → wichtig für die **Entwicklung** im Stück

Die Entwicklung einer Figur kann über das Geheimnis stattfinden, z.B. eine heimliche Liebe, die unsere Figur kriminell werden lässt. Damit wäre das Geheimnis "Liebe" schuld an einer möglichen Entwicklung vom braven Sohn zum Kriminellen. Das tragische Geheimnis bei unserem Freak aus "Paris Party" liegt darin, dass er keine Ahnung hat, wie hässlich er ist. Nicht selten führt ein Geheimnis direkt zum Tod.

Neben dem Geheimnis kann auch ein Statuswechsel zur Entwicklung der Figur beitragen.

KK: Bei dieser groben Einteilung handelt es sich um meinen Versuch einer Kategorisierung. Jeder Theater-Kurs-Leiter oder Buchautor verwendet gerne seine eigenen Begrifflichkeiten, um sich mit einem Hauch des Besonderen zu umgeben. Dabei muss ich ganz klar festlegen, dass es mir nicht um den Hauch geht. Vielleicht ein bisschen. Im Vordergrund steht, eine verständliche Logik zu finden, die für Sie nachvollziehbar ist. Und ein bisschen Hauch. Nachdem sich die Würmer mittlerweile Woodility Manager nennen, weil sie am Hausmeisterschild "Facility Manager" gelesen haben, ist so ein bisschen Hauch auch nicht zu viel verlangt. Finde ich.

Nachdem jeder Schüler seine Biographie fertiggestellt hat, bekommen die Schüler die Aufgabe, sich in 2er-Teams Szenen nach dem **Prinzip Antagonist / Protagonist** zu überlegen. Dabei muss die wichtigste Frage geklärt werden: Was will meine Figur von der anderen Figur und warum? Außerdem müssen die Schüler ihren **Status** gegenüber der anderen Figur klar definieren und spielen. Der Status darf dabei nicht in allen drei Szenen der gleiche sein.

Insgesamt werden drei 2er-Szenen nach diesem Prinzip vorbereitet und den anderen präsentiert.

Sobald die Biographien klar sind, ist es sinnvoll, jede weitere Übung immer in der ausgewählten Rolle zu spielen. Damit gewöhnen sich die Schüler an ihren neuen Charakter und bekommen die Möglichkeit, ihn in immer neuen Situationen besser kennenzulernen.

4.2.1 Wer mit wem – die Beziehung der Figuren (Einheit 12)

Wir wissen nun den Ort, an dem unser Stück spielen wird, und wir kennen die Figuren, für die sich unsere Schüler entschieden haben. Außerdem haben wir für jede Figur die Biographie in geschriebener Form vorliegen, mit der wir im Falle des Falles auch die Eltern unserer Schauspielschüler glücklich machen können: ein Zettel, endlich etwas Greifbares im Schauspielunterricht. So machen Sie die Eltern glücklich und außerdem sich selbst. Manchmal ergeben sich durch Biographien und die Fantasie Ihrer Kinder völlig neue Spielmöglichkeiten, an die sie selbst nie gedacht hätten.

Nachdem Sie die Biographien gesammelt und erste Probeszenen ausprobiert haben, ist es an der Zeit, die Beziehung der Figuren zueinander zu fixieren. Oftmals haben sich aus den Probeszenen schon erste Beziehungen ergeben. Beste Freundinnen tendieren sehr gerne dazu, auch im Stück eng miteinander verbunden sein zu wollen. Wenn sie besonders kreativ sind, entscheiden sich diese Schüler gerne für die Beziehung 'Geschwister'. Die, die es einfach wollen, bleiben bei Freundinnen. Diese Beziehung wird von mir dann immer noch ein Stück weiter vertieft, weil auch jede Freundschaft eine Geschichte hat.

In meinem Stück "Paris Party" gibt es das große Ereignis der Party, auf die der Freak eingeladen wird. Dieses Stück ist sehr schön in zwei "Häuser" getrennt, wie wir sie in klassischen Dramen (siehe Romeo & Julia) antreffen: Auf der einen Seite das behütete Zuhause des Freaks mit Mutter und bestem Freund. Auf der anderen Seite Paris als Tochter der Präsidentin in ihrem Palast mit Diener und Freundinnen. Die Party selbst gibt uns als offener Raum die Möglichkeit, die Spieleranzahl zu variieren: Spice Girls, DJ und eine beliebige Anzahl von Partygästen. Bei einer Schauspielgruppe muss man permanent flexibel bleiben.

Damit die Beziehung zwischen den Figuren klar wird, zeichne ich zu Beginn immer ein sogenanntes Beziehungsmodell. Meinen Schülern und mir wird dadurch die Weiterarbeit extrem erleichtert, weil wir bereits von Beginn an wissen, in welchem Verhältnis jede einzelne Figur zu den anderen steht. Erstellen Sie das Beziehungsmodell auf jeden Fall gemeinsam mit Ihren Schülern, um sie bei jedem Entwicklungsschritt auf dem Laufenden zu halten.

Das Beziehungsmodell für "Paris Party" schaut wie folgt aus:

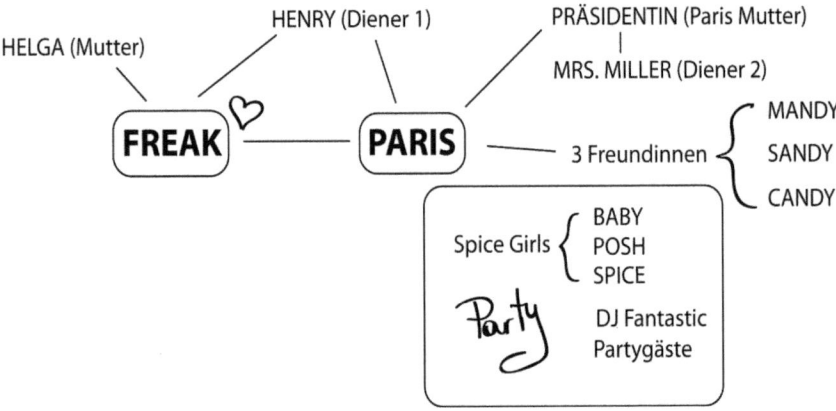

4.2.2 Das Leben davor – die Vorgeschichte der Figuren

Nachdem wir die Beziehungen der Figuren mit unseren Schülern fixiert haben, können wir uns noch einmal intensiv mit den Figuren selbst auseinandersetzen. Durch die Vorgeschichte bekommen unsere Schüler die Möglichkeit, ihre Beziehung zu den anderen Figuren zu entwickeln, sie durchzuspielen und zu erleben. Alles, was man einmal erlebt hat, bleibt im Gedächtnis verankert. Wenn man nur darüber redet, geht es oft zu einem Ohr hinein und zum anderen wieder hinaus. Wie bei unseren Würmern, die offensichtlich auf totalen Durchzug geschaltet haben, wenn es darum geht, warum sie von mir keinen Blaumann mit Tütü bekommen. Als Woodility Manager hätten sie sich eine Arbeitskleidung verdient, meinen sie. Ein Blaumann wäre ok, aber mit Tütü müssen wir jeden Moment damit rechnen, dass einer der Würmer beim Aufhängen der Scheinwerfer irgendwo hängenbleibt und dann Kopf voraus von der

Decke baumelt. Vielleicht wäre das aber auch eine ganz nette Dekoration für unser Stück. Ich werde mir die Möglichkeit mal offen lassen, in der Zwischenzeit können wir mit unseren Schülern die Vorgeschichten in Szene setzen.

Uns als Leiter bieten Vorgeschichten Möglichkeiten, auf die wir nicht verzichten sollten.

Wir können, wenn uns Vorgeschichten bekannt sind, direkter und aktiver in einzelne Szenen des Stücks einsteigen. Wenn Sie sich gleich die erste Zeile des Stücks "Paris Party" ansehen, wissen Sie, was ich meine: Das Stück startet nicht zu Beginn einer Tätigkeit (dem Diktat), sondern gleich mitten drin. Damit ist für das Publikum klar, dass diese Tätigkeit bereits seit einiger Zeit ausgeführt wird. Die Vorgeschichte könnte z.B. im Garten beginnen, wo man den Freak sieht, wie er sich vor seiner Mutter versteckt, um dem täglichen Unterricht zu entgehen.

Haben unsere Schüler diese Vorgeschichte bereits einmal in Form einer improvisierten Szene selbst erlebt, ist der Einstieg in das Stück schon geschafft. Vor jeder Probe und der Aufführung selbst können sie sich nun diese Erinnerung ins Gedächtnis rufen und haben so nicht das Gefühl, von Null aus starten zu müssen.

Wenn Sie mit Ihren Schülern selbst ein Stück erfinden, vermeiden Sie durch eine Vorgeschichte, dass sich alle Figuren erst am Ort des Stücks kennenlernen müssen. Außerdem bleiben Ihnen und dem oft leidgeprüften Publikum Texte wie "Hallo, ich heiße Peter, wer sind Sie?" erspart.

Die Vorgeschichte	2er-Szene	Mehr Fleisch für die Figur	ca. 40 Minuten

Die Schüler haben 15 Minuten Vorbereitungszeit, sich in den selbst gewählten 2er-Gruppen eine Szene zu überlegen, die zeitlich vor dem Stück stattgefunden haben könnte. Aus dieser Improvisation heraus entstehen oft spannende Konstellationen und neue Ideen zu den Figuren. Diese Übung kann gerne, sofern Zeit vorhanden ist, mehrmals wiederholt werden. Je mehr Futter wir für unsere Figuren zur Verfügung haben, umso spannender können wir die Handlung aufbauen.

KK: In diesem Stadium geht es darum, bereits so viel Material wie möglich für das Stück zu sammeln. Bei guten Vorgeschichten kann überlegt werden, diese eins zu eins in einer Art Rückblende in das Stück einzubauen. Sobald etwas gut ist, halten Sie es fest. Wir haben zwar noch ein bisschen, aber nicht mehr unbegrenzt Zeit.

4.2.3 Die Figuren am Ort

Aufgabe: Jeder Schüler muss sich für seine Figur überlegen, **warum** sie an diesem Ort ist (was sie dort zu tun hat), und welche **Absicht** sie an diesem Ort verfolgt. Diese Information ist wie die Vorgeschichte als Futter für die Figur zu verstehen. Unsere Schüler definieren dadurch ihre Figur und können daraus leicht den Handlungsbogen ihrer Figur im Stück bauen.

Beispiel aus "Paris Party":

Sandy:

Warum ist sie bei Paris: Um mit ihr und den anderen Freundinnen die Party zu planen.

Ihre (verborgene) Absicht: Sie will sich bei Paris als allerbeste Freundin präsentieren.

Wie bereits in Kapitel 3.3 eingehend besprochen, definiert die Absicht hinter meinem Handeln immer die Art und Weise, wie ich mich verhalte. Will ich jemanden beeindrucken, werde ich mich bei der Planung einer Party ganz anders verhalten, als wenn ich mit der Absicht dort bin, die Party zu ruinieren. Der Grund, warum ich an einem Ort bin, ist quasi meine Aufgabe, während die Absicht definiert, wie ich diese Aufgabe erfülle.

Mrs. Miller:

Ihre Aufgabe: Als Dienerin den Wünschen und Anweisungen im Haus zu folgen.

Ihre Absicht: Sie will Henry loswerden.

Damit ist klar, warum Mrs. Miller eindeutig auf der Seite der Präsidentin steht und mit allen Mitteln versucht, Henry in ein schlechtes Licht zu rücken.

4.3 Der Handlungsbogen des Stücks (Einheit 13)

Um als Leiter den Überblick nicht zu verlieren, sollte man sich an dieser Stelle Gedanken über den dramaturgischen Bogen des Stücks machen. Die Biographien der Figuren können bereits erste Handlungsmöglichkeiten enthalten, die auf jeden Fall aufgegriffen werden sollten. Demokratie ist gut, aber ab und zu leider überbewertet. Bevor viele Köche den Brei verderben, schwingen Sie lieber selbst den Kochlöffel und legen den Bogen des Stücks fest. Ich habe die Erfahrung gemacht, dass meine Schüler mit der Festlegung des Handlungsbogens oft überfordert sind. Helfen Sie ihnen, indem Sie diese Orientierungshilfe einfach vorgeben. Ideen können natürlich immer gerne verbessert und geändert werden, aber dazu müssen wir erst einmal eine Idee haben. Als Hilfestellung können folgende Beispielfragen in Kooperation mit der Klasse (oder auch alleine) überlegt werden:

Was soll passieren?

Wo will ich mit meinem Stück hin? Was ist das Ziel?

Welcher Bogen (vgl. AVE-Satz) soll sichtbar werden?

In meinem Stück sind die Antworten (basierend auf der Geschichte) wie folgt:

- Was soll passieren?

  Der Freak (in einer modernen Adaption) soll zwischen seiner Selbstwahrnehmung als Künstler / schöner Mensch und der Außenansicht als lächerliche Figur zerbrechen.

  - Was ist das Ziel?

    Mit Witz und Fantasie das Märchen in die harte Realität der High-Society transferieren. Es soll ein kritisches Stück über Schönheitswahn, Ausgrenzung und wahre Freundschaft entstehen.

  - Was ist der Handlungsbogen des Stücks?

    Satz 1: Der Freak will dem behüteten Leben im Wald entfliehen.

    Satz 2: Auf Paris Party wird er mit der erbarmungslosen Realität konfrontiert.

    Satz 3: Er zerbricht daran.

Mit dieser Einteilung können sich die Schüler im weiteren Verlauf orientieren und haben ein erstes Gefühl für den Handlungsstrang der Geschichte.

4.4 Die Szenen – der Inhalt wird fixiert (Einheit 13 – 15)

Was wir bereits haben:

- Den Ort der Handlung

- Die Figuren und ihre Biographien

- Die Beziehungen der Figuren zueinander

- Die Vorgeschichten unserer Figuren

- Die Absichten der Figuren

- Den groben Handlungsbogen unseres Stücks

Mit diesen Vorgaben können wir nun beginnen, die ersten Szenen frei zu improvisieren. Geben Sie dazu Ihren Schülern die Möglichkeit, eigene Ideen einzubringen und selbstständig Szenen zu entwickeln. Ich würde dafür 2 volle Einheiten berechnen, in denen die ersten Punkte "Warm-up" und "Spiele" auf ein Minimum reduziert werden können.

In dieser Phase müssen Sie die Rolle des Dramaturgen übernehmen. Sie sammeln die Ideen und notieren erste Szenen. Um mir die Arbeit zu erleichtern, lasse ich in dieser Phase oft meine Digitalkamera beim Vorspielen der Szenen mitlaufen. Ein einfacher Digital-Fotoapparat mit Videofunktion ist dafür mehr als ausreichend.

Ich habe dadurch die Möglichkeit, mir die Szenen zuhause in Ruhe noch einmal anzusehen und gute Textpassagen mitzuschreiben. Das hektische Notieren von Texten während der Einheit selbst bleibt mir dadurch erspart. Auch der Versuch, meine Schüler die Texte der Szenen im Nachhinein selbst aufschreiben zu lassen, ist oft kläglich gescheitert. Anders gesagt: Das Interesse daran hält sich bei den meisten Schülern in Grenzen. Ich bin ihnen oft wochenlang nachgelaufen, in erwartungsvoller Hoffnung auf eine gute Szene. Leider wurde ich sehr selten vom Ergebnis positiv überrascht. Meistens durfte ich die Szene dann erst recht noch einmal komplett neu schreiben, weil das Gedächtnis meiner Schüler wieder mal auf Durchzug geschaltet hatte.

Die wichtigste Aufgabe in diesem Stadium ist es, die Übersicht zu behalten. Die Fülle an Material muss von Ihnen in eine annehmbare Reihenfolge gebracht werden, damit das Stück entstehen kann. Bevor jetzt Panik ausbricht: Tief durchatmen und den Bogen der Handlung nicht aus den Augen verlieren. Es geht darum, eine Geschichte zu erzählen, mit einem Anfang, einem Hauptteil und einem Ende. Wie das kleine 1 mal 1, Schritt für Schritt. Es ist nicht viel schwieriger, als einen Deutschaufsatz zu schreiben, in dem Ort, die Figuren und bereits der grobe Handlungsstrang vorgegeben sind. Sie müssen nun nur noch die einzelnen Puzzleteile in eine passende Reihenfolge bringen, die Texte ordnen und korrigieren und schon ist der erste Entwurf des Stücks geschafft.

Planen Sie für diesen Arbeitsschritt ca. 5 Stunden zusätzliche Arbeit ein, die Ihnen leider niemand abnehmen kann. Holen Sie sich gerne Hilfe bei Freunden, Bekannten oder Deutschlehrern. Man muss als Leiter nicht alles alleine stemmen. Geteiltes Leid ist oft halbes Leid.

4.5 Die letzte Kontrolle – der Bogen der Figur

Wir haben bereits den Handlungsbogen des Stückes (Kapitel 4.3) und den emotionalen Bogen (Kapitel 3.4) einer Figur kennengelernt. Neben diesen beiden Bögen ist der Handlungsbogen der Figur ein wichtiges Instrument, um der Figur ihre 'Berechtigung' im Stück zu geben. Eine Figur ist dann spannend, wenn sie innerhalb des Stückes Veränderungen (emotionale oder persönliche) durchlebt und am Ende anders ist als zu Beginn. Das kann sich durch eine andere emotionale Verfassung, eine neue Körperlichkeit oder eine andere Grundeinstellung zu bestimmten Themen zeigen. Das Stück sollte jede einzelne Figur prägen. Manche weniger, andere mehr.

Wenn Zeit und Energie vorhanden sind, würde ich für jede Figur die Kontrolle der Entwicklung empfehlen. Alles, was keine 'Berechtigung' im Stück hat, sei es Text, Handlung oder Figur, sollte lieber weg, um die Zuschauer nicht unnötig zu quälen. Wir erinnern uns an den schönen Satz:

Eine Pistole auf der Bühne, die nicht schießt,

kann genauso gut durch eine Banane ersetzt werden!

Wie im Handlungsbogen des Stückes, formulieren wir für unsere Figur (z.B. den Hauptdarsteller selbst) ganz klassisch nach dem AVE-Satz ihre Entwicklung:

Anfang / ROUTINE:

Der Freak lebt mit seiner Mutter in einem kleinen Häuschen im Wald.

Zugrundeliegende Emotion: Er ist genervt und möchte die Welt kennenlernen.

Veränderung / BRUCH DER ROUTINE:

Er bekommt die Einladung zur Party.

Neue Emotionen in dieser Phase: Absolute Freude darüber, dass sein Wunsch wahr wird.

Ende / Wiederherstellung der ROUTINE:

Er wird mit seiner Hässlichkeit konfrontiert.

In diesem Moment: Panik & Entsetzen.

Er sucht nach einer Lösung und findet sie im Tod.

Schluss: Gefasst und ruhig.

Je genauer man die Emotionen seiner Figur in den einzelnen Phasen untersucht und benennt, umso leichter wird der folgende Probenprozess ablaufen. Die Schüler setzen sich durch diese Übung noch einmal intensiv mit ihrer Figur auseinander. Je besser sie ihre Figur bereits vor den eigentlichen Proben verstehen, umso leichter wird es für sie in den nächsten Einheiten, die da lauten:

PROBEN – PROBEN – PROBEN (Einheit 15 – 20)

Wenn Sie weitere Fragen oder Anregungen haben, kontaktieren Sie mich gerne. Ich freue mich immer, mit ambitionierten Leitern den Würmern gemeinsam den Kampf anzusagen. Sie können mich auch als Trainerin, Beraterin und Referentin für Seminare oder Vorträge engagieren.

Apropos: Ich habe mich mit den Würmern nun darauf geeinigt, dass sie aus sicherheitstechnischen Gründen den Blaumann während der Arbeit ohne Tütü tragen. Dafür musste ich versprechen, ihnen an dieser Stelle nun herzlichst für die Kooperation zu danken. Die Bestechung mit 20 Partysets, inklusive Luftschlangen und einer Riesen-Partypackung Gummibärchen, muss ich wohl nicht extra erwähnen.

Liebe Würmer, unsere Woodility Manager: Herzlichen Dank dafür, dass ihr unsere Bretter verschont habt und einer tollen Vorstellung nichts mehr im Wege steht.

Karin Neidhart
Diplom-Schauspielerin / Theaterpädagogin / Improtrainerin
Tegernseer Landstraße
81541 München

Tel.: 0049 / (0) 176 96925616
e-mail: info@karinneidhart.de
www.karinneidhart.de

Paris Party

Stückentwicklung für die Theatergruppe der HLW
Spittal/Drau 2010

© Karin Neidhart

13 Rollen:

FREAK
Helga (Mutter des Freaks)
Henry (Freund des Freaks / Diener 1 der Präsidentin)
PARIS
Präsidentin (Mutter von Paris)
Mrs. Miller (Diener 2 der Präsidentin)
3 Freundinnen von Paris: Mandy, Sandy & Candy
3 Spice Girls: Baby, Posh, Spice
DJ Fantastic
Partygäste (in beliebiger Anzahl ohne Text)
Möglichkeit von Zusatzrollen:
   + 1 Freundin (Text könnte auf 4 Personen gestreckt
   werden)
   + 1 Diener (die Rolle von Diener 2 könnte gesplit-
   tet werden)

Bühnenentwurf:

Bild 1: 2 Räume auf der Bühne. Links Zimmer von Tochter
Paris mit einem Tisch, einem Sessel und einer weiteren
Sitzgelegenheit, z.B. einer Couch. Rechts ist die Küche
des Freaks. Großer Tisch und mindestens 2 Stühle.

Bild 2: Partyraum. Entweder kleine Bühne bzw. Möglichkeit für die Spice Girls, eine Anhöhe als Bühne zu nutzen. Ansonsten leer, eventuell nur Sitzmöglichkeiten an der Seite.

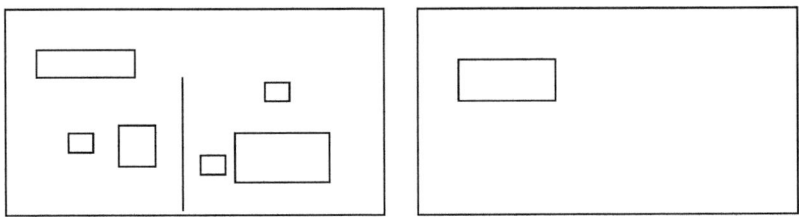

Bei der Raumeinrichtung handelt es sich um Vorschläge, die individuell geändert werden können. Die einzige Vorgabe wäre, dass im ersten Teil die beiden Zimmer zu sehen sind, sonst gibt's Schwierigkeiten mit dem Stückaufbau ☺ - alles andere steht zur freien Interpretation! Viel Spaß!

Szene 1: Der Freak

Freak & Mutter Helga. Der Freak sitzt am Tisch und schreibt, während ihm seine Mutter offensichtlich einen Text zur Übung diktiert.

Helga: … da sah die schöne Prinzessin ihren Prinzen durch die Türe schreiten in seiner ganzen Pracht. Er war über und über mit Gold behangen. Überglücklich sagte sie: …

Freak: Nicht so schnell Mama, ich komm' mit dem Schreiben nicht nach. "Er war über und über …"

Helga: … mit Gold behangen. Überglücklich sagte sie: Du bist der schönste Mann, der mir jemals begegnet ist, selbst …

Freak: … der schönste Mann, der mir jemals…

Helga: … begegnet ist, selbst mein Spiegelbild…. Äh…

Freak: … selbst mein…. Was?

Helga: Äh, selbst mein Spielball erbleicht, wenn er dich sieht.

Freak: Mein Spielball erbleicht, wenn er dich sieht? Was soll das denn heißen, Mama?

Helga: Das ist doch nur zur Übung mein Schatz.

Freak: Ich mag nicht mehr, ich habe für heute doch schon genug gelernt. Eine Stunde Mathe, Geschichte der politischen Entwicklung Chinas und jetzt noch romantische Dramatik. Das reicht doch, oder?

Helga: Mein Kind, es ist wichtig, dass du so viel wie möglich lernst. Ich will dir alles beibringen, was ich weiß, damit du in dieser Welt bestehen kannst. Wissen ist Macht.

Freak: Oder Schönheit und Geld.

Helga: Schönheit und Geld sind aber nicht alles, vor allem, wenn man sie nicht hat.

Freak: Was? Bin ich etwa nicht schön?

Helga: Aber natürlich mein Schatz, du bist das schönste Kind in unserem Wald.

Freak: Ich bin ja auch das einzige.

Helga: Das einzig schöne! Aber wie gesagt, das ist nicht alles und deshalb musst du klug werden, so klug wie es nur geht.

Freak: Aber du weißt doch auch nicht alles, Mama. Was ist, wenn du mir alles beigebracht hast, was du weißt? Was soll ich dann machen?

Helga: Dann … ähm … ja, dann …

Freak: Dann verlasse ich diesen Wald und versuche mein Glück in der großen, weiten Welt.

Helga: Nein! Nein, nein, nein! Das darfst du nicht, versprich mir das! Die Welt dort draußen ist nichts für dich! Sie ist … äh … langweilig, ja genau! Die Welt dort draußen ist verdammt langweilig. Es gibt keine Bäume und keine Vögel zum Spielen. Nur Lärm und Staub. Da willst du nicht hin, mein Liebling. Außerdem brauche ich dich hier bei mir. Wer soll mir helfen, wenn ich eines Tages das Holz nicht mehr selbst holen kann? Wenn du fort bist, bin ich ganz alleine. Das willst du doch nicht.

Freak: Natürlich nicht, Mama. Ich lass dich nicht alleine, versprochen.

Helga: Braves Kind. Und jetzt schreibst du noch diesen Absatz ab, während ich mich um's Essen kümmere.

Freak: Wenn es sein muss … dann bin ich wenigstens schön und klug!

Helga: Genau mein Schatz! (Mutter ab)

Freak bleibt zurück und schreibt aus dem Buch ab.

Szene 2: Die Tochter

Paris sitzt mit ihren Freundinnen bereits von Anfang an auf der Bühne – während die Szene beim Freak zuhause spielt, befindet sich die rechte Bühne allerdings im "Freeze", das heißt sie ist eingefroren.

Mandy: Candy, Sandy ich hab's: "Tanz der Vampire".

Sandy: Mandy spinnst du? Das Motto hatte Gabi erst letzte Woche auf ihrer Party.

Candy: Die Party war dermaßen scheiße. Alle wollten so aussehen wie bei "Twilight", aber in Wirklichkeit sahen sie wie ausgespuckte Zombies aus. Echt zum Abgewöhnen.

Mandy: Gerald sah aus wie ein Junkie, obwohl er ja eigentlich ziemlich hübsch ist!

Sandy: Gerald und hübsch? Igitt, da kannst du ja gleich mit Martin ausgehen …

Candy: IIIIIIIIIiiiiiiiiiiiiiiiiiiiih … Martin … Bäh … Eklig.

Paris: Jetzt hört aber auf. Es ist doch egal, wie jemand aussieht. Hauptsache ist doch, dass er nett ist.

Candy: Nett? Nett ist die kleine Schwester von Sch…

Sandy: Absolut richtig.

Mandy: Na dann nimm doch Martin als Begleiter. Das ist doch o.k., wenn du ihn nett findest.

Paris: Das hab ich doch gar nicht gesagt. Ich finde ihn nicht nett und außerdem habt ihr Recht. Der ist wirklich nicht hübsch. Mit so einem kann ich doch nicht auf meiner eigenen Party erscheinen.

Sandy: Siehst du! Du bist also auch ein oberflächliches Miststück.

Paris: Jetzt hör' aber auf. Nein, bin ich nicht.

Candy: Doch bist du. Du bist oberflächlich, eingebildet und …

Mandy: … und deshalb auch unsere allerbeste Freundin!

Sandy: Genau!

Alle umarmen sich und lachen.

Mandy: Wisst ihr noch, wie Martin versucht hat, Rita um ein Date zu bitten?

Candy: Äh … äh … möchtest du … äh …

Sandy: … willst du … äh … mit … äh ….

Paris: … äh … äh … mir … auf … äh… den Schulball … äh …

Mandy: … äh … gehen?

Sandy: Und Rita sagte:

Alle gemeinsam: Mit jedem, aber sicher nicht mit dir!

Alle vier lachen und albern herum. Da erscheint im Hintergrund Henry, der die folgende Unterhaltung mitbekommt.

Paris: So, genug gealbert. Mädels, wir haben noch eine Menge zu tun. Nächster Titelvorschlag.

Mandy: Hm … ich weiß nicht … vielleicht irgendwas mit Märchen?

Sandy: Märchen sind doch was für Kinder.

Candy: Ich finde die Idee gar nicht so schlecht. Zu dem Titel kann man sich super verkleiden, außerdem hätte ich dafür schon was Passendes daheim.

Paris: Wir nehmen jetzt aber nicht nur das Thema, weil du schon was Passendes zum Anziehen hast.

Candy: Ja, ist schon klar. Aber überleg doch mal: Du wärest die Prinzessin, die von ihrem Prinzen begleitet den Ballsaal betritt. Du hast ein wunderschönes Kleid an und dein Prinz hat nur Augen für dich und durch den Saal geht ein lautes "Aaaaahhh" und jeder beneidet dich für deine Schönheit – du bist der Star des Abends.

Sandy: Da hat wohl wieder jemand zu viele schlechte Liebesfilme gesehen.

Mandy: Und wenn schon, ist doch eine tolle Vorstellung, oder?

Paris: Abgesehen davon, dass mir dazu der Prinz fehlt, ist die Idee wirklich klasse. Außerdem wäre ich gerne mal eine Prinzessin. Klingt auch besser als "Die Tochter der Präsidentin".

Mandy: Richtig! Und einen Prinzen finden wir dir auch noch. Ich hab da schon eine Idee!

Sandy: Aber nicht Reinhart?

Mandy: Äh … woher weißt du das?

Candy: Bäh … Reinhart! Wie eklig! Im schlimmsten Fall bleibt uns immer noch Martin!

Paris: Ihr spinnt doch alle miteinander und jetzt raus, ich muss noch lernen. Wir telefonieren später, o.k.?

Sandy: Alles klar. Hey, wie wäre der Titel: "Party im Märchenwald"?

Mandy: Super.

Candy: Finde ich auch.

Paris: Stimmt. Sehr gut, aber alles Weitere später. Meine Mutter bringt mich um, wenn ich morgen schon wieder eine Fünf schreibe. Raus, raus, raus.

Candy: Schon gut! Bis später!

Sandy: Lern brav, du Streberin.

Alle: Tschüss.

Paris bleibt alleine in ihrem Zimmer zurück. Henry entfernt sich und kommt zum Freak.

Szene 3: Der Brief

Henry und Freak. Der Freak ist gerade fertig mit dem Abschreiben und schlägt das Buch zu, als Henry eintritt.

Freak: Hey Henry, hast du mich gerade erschreckt.

Henry: Entschuldige, mein Freund, aber ich habe dringende Neuigkeiten für dich.

Freak: Schon wieder? Ach Henry, mich interessiert gerade überhaupt nicht, ob du wieder Schlafstörungen hast oder ob dein Zwergpudel sein Futter verweigert.

Henry: Aber lieber Freund, ich würde dich doch nie mit solchen Nebensächlichkeiten behelligen.

Freak: Ach, nicht?

Henry: Naja, zumindest heute nicht, denn ich habe wirklich tolle Neuigkeiten: Die Tochter der Präsidentin gibt eine Party zu ihrem 16. Geburtstag mit dem Motto "Party im Märchenwald"!

Freak: Ja und?

Henry: Und du, mein junger Freund, gehst da hin!

Freak: Ich? Was soll ich denn bei der Tochter der Präsidentin? Die kenne ich doch nicht einmal!

Henry: Das brauchst du doch auch nicht. Ich arbeite für ihre Mutter und kenne sie daher gut genug für uns beide. Du musst auch mal etwas Anderes sehen als diesen Wald. Du musst unter Leute und Spaß haben. Das wird super. Und bei diesem Motto fällst du auch nicht weiter auf.

Freak: Meine Mama sagt, dass die Leute gemein und hässlich sind. Ich möchte nicht auf eine Party mit gemeinen und hässlichen Leuten.

Henry: Aber ich bin doch auch da. Und bin ich gemein oder hässlich?

Freak: Naja, eine Schönheit bist du nicht!

Henry: Wer im Glashaus sitzt, sollte nicht mit Steinen werfen, mein Freund!

Freak: Was?

Henry: Ach nichts. Willst du dich ewig vor den Leuten verstecken? Und wer weiß, vielleicht findest du auch ein Mädchen, das dich nett findet.

Freak: Aber ich will doch gar kein Mädchen kennenlernen.

Henry: Natürlich willst du das! Jeder Junge möchte doch ein Mädchen kennenlernen.

Freak: Ja schon, aber meine Mama hat gesagt, dass sie mir ein tolles Mädchen vorstellen wird, wenn ich alt genug dafür bin.

Henry: Meine Mama, meine Mama, meine Mama. Jetzt hör doch mal auf mit deiner Mama. Selbst für dich, mein Freund, kommt eines Tages die Zeit des Loslassens.

Freak: Ja natürlich.

Henry: Glaubst du, dass es noch mehr für dich gibt als den Wald und dieses Haus?

Freak: Ja natürlich.

Henry: Willst du auf diese Party?

Freak: Ja nat … äh … vielleicht!

Henry: War das denn jetzt so schwer? Und um dir deine letzten Bedenken zu nehmen, schlage ich vor, dass du ihr einen netten Brief schreibst, dich sozusagen vorstellst, um damit eine offizielle Einladung von ihr zu bekommen.

Freak: Von wem?

Henry: Na, von der Tochter der Präsidentin.

Freak: Warum?

Henry: Na, die Tochter veranstaltet die Party, also entscheidet sie auch, wer eingeladen ist und wer nicht. Alles verstanden?

Freak: Klar, ich bin doch nicht blöd!

Henry: Dann schreib, los!

Freak: Und was?

Henry: Irgendwas. Was dir halt gerade einfällt.

Freak: Hm … wie findest du das: Hallo sweet_princess …

Henry: Sweet princess? Mein lieber Freund, ich finde es nicht angemessen, ein Mädchen, das du nicht kennst, bereits mit einem solchen Namen anzusprechen. Wie kommst du denn auf diese bescheuerte Idee?

Freak: Aber es ist doch eine Party im Märchenwald und jedes Märchen braucht eine Prinzessin, oder?

Henry: Du hast Recht, gar nicht so blöd von dir!

Freak: Sag ich doch! Also: Hallo sweet princess! Ich habe von deiner Party erfahren und würde gerne als dein Prinz aus dem Märchenwald mit dir deinen Geburtstag feiern! Und? Warum verziehst du jetzt schon wieder dein Gesicht?

Henry: Prinz aus dem Märchenwald? Bedenke, Prinzen sind schön mein Freund und du …

Freak: Was?

Henry: Äh … ich meinte: Die Bezeichnung Prinz stellt hohe Erwartungen an dich und deinen Auftritt!

Freak: Und du meinst, die kann ich nicht erfüllen?

Henry: Du wohnst hier im Wald … du bist arm … und … äh …

Freak: Und?

Henry: Und … äh … hast keine tolle Kleidung, um dein Äußeres der Party anzupassen!

Freak: Na zuerst muss sie mich überhaupt einmal einladen, und wenn es dann soweit ist, wird mir Mama sicher helfen. Am besten, ich frage sie gleich mal, und du bringst sweet princess den Brief.

Henry: Na gut mein Freund. Möge das Schicksal auf deiner Seite sein.

Freak geht ab. Henry zurück zu Paris.

Szene 4: Die Einladung

Paris und Henry. Paris sitzt noch immer in ihrem Zimmer und zeichnet das Plakat für ihre Party. Henry klopft, bevor er eintritt.

Paris: Herein.

Henry: Darf ich Sie kurz stören?

Paris: Natürlich Henry, komm herein.

Henry: Wie geht es mit den Vorbereitungen für Ihre Party voran?

Paris: Sehr gut. Ich habe bereits das Motto, den Tag und die Gäste fixiert. Jetzt sind nur noch die Kleinigkeiten mit meiner Mutter zu besprechen und es kann losgehen. Aber du bist doch nicht extra gekommen, um mit mir über die Party zu sprechen?

Henry: Nein, natürlich nicht. Ich wollte mich nur erkundigen, um wie viel Uhr Sie heute mit Ihrer Mutter zu Abend essen wollen.

Paris: Puh, keine Ahnung. Eigentlich hab ich keinen Bock auf meine Mutter. Stell dir vor Henry, sie wollte mir nicht das weiße Kleid mit den Perlen kaufen, sondern das rosafarbene mit Tüll! Das ist so hässlich und außerdem noch billig. Das kann sie mir doch nicht antun, findest du nicht?

Henry: Natürlich nicht, gnädiges Fräulein. Es ist ihr Geburtstag und dafür gebührt Ihnen nur das Beste.

Paris: Du verstehst mich, Henry. Vielen Dank.

Henry: Gern geschehen. Ach ja, ich fand vor Ihrer Tür diesen Brief!

Paris: Zeig! Aha … "Hallo sweet princess! Ich habe von deiner Party erfahren und würde gerne als dein Prinz aus dem Märchenwald mit dir deinen Geburtstag feiern!" Sweet Princess? Na da hat sich wohl eine meiner Freundinnen einen Scherz mit mir erlaubt!

Henry: Glauben Sie?

Paris: Wer sonst sollte mich sweet princess nennen? Es weiß doch sonst niemand, dass ich mich als Prinzessin verkleiden werde.

Henry: Mit Verlaub, gnädiges Fräulein, aber Ihr Kostüm ist nicht schwer zu erraten.

Paris: So? Nicht?

Henry: Nein! Welches Kostüm würde besser zu Ihnen passen als das einer Prinzessin.

Paris: Da hast du auch wieder Recht. Aber wer sollte mir sonst einen Brief schreiben, wenn es auch E-Mails und Handy gibt?

Henry: Vielleicht ein romantischer und auch ein bisschen altmodischer Verehrer?

Paris: Hm, naja, das ist auch mal etwas Anderes. Ich gehe jede Wette ein, dass meine Freundinnen schon seit Jahren keinen Brief mehr bekommen haben. Die werden Augen machen. Außerdem ist der Brief sehr nett, und gegen einen netten Jungen kann man ja nichts sagen.

Henry: Richtig!

Paris: Ich werde ihm gleich zurückschreiben. Natürlich auch auf die altmodische Variante, mit Papier und Stift: "Hey dreamboy!"

Henry: Ach du scheiße.

Paris: Henry! Also ich muss schon sehr bitten!

Henry: Vielleicht sollten Sie etwas genereller mit Ihrer Anrede sein. So in die Richtung: "Hallo netter Junge!"

Paris: Das ist doch voll bescheuert, Henry. Nein, dreamboy ist genau richtig für einen Prinzen aus dem Märchenwald. Also: Hey dreamboy! Danke für den netten Brief. Ich würde dich sehr gerne am nächsten Samstag zu meiner Geburtstagsparty einladen. Das Motto kennst du ja bereits. Ich bin sehr gespannt auf dein Kostüm und meinen Prinzen aus dem Märchenwald! Würdest du mir bitte ein Foto von dir schicken, damit wir uns erkennen? Deine sweet princess!

Henry: Ob das wirklich eine so gute Idee von mir war?

Paris: Was meinst Du? Ist der Brief so o.k.?

Henry: Sehr passend, gnädiges Fräulein.

Paris: Und damit er mich auch sicher erkennt: Hier mein Foto für ihn! Aber wie soll mein Brief nun dreamboy erreichen?

Henry: Kein Problem, ich werde mich natürlich gewissenhaft darum kümmern, dass dieser Brief dreamboy zu-

gestellt wird. Sie können sich ganz auf mich verlassen.

Paris: Danke Henry. Du darfst jetzt gehen. Und sag meiner
Mutter, dass sie mir den Rücken runter rutschen
soll und ich heute mit meinen Freundinnen in meinem Zimmer zu Abend esse. Und sie soll es ja nicht
wagen, mich zu stören!

Henry: Jawohl, ich werde es ihr so, oder so ähnlich, aus-
richten, gnädiges Fräulein.

Paris: Tu das. Und ich telefoniere gleich mit meinen
Freundinnen. Die werden vor Neid platzen, wenn sie
erfahren, was mir passiert ist.

Paris ab. Henry zurück zum Freak.

Szene 5: Die Antwort

*Beim Freak. Mutter Helga, der Freak und Henry. Mutter und
Freak kommen herein.*

Helga: Aber Schatz, du willst doch nicht wirklich auf
diese Party.

Freak: Und ob ich das will, und du wirst mich nicht davon
abhalten, Mama.

Helga: Da sind aber lauter fremde Menschen. Die kennen
dich nicht. Die wissen nicht, wie lieb und nett du
bist. Sie werden nur sehen, wie du aussiehst.

Freak: Das ist mir doch egal. Ich sehe gut aus.

Helga: Schatz … ich muss dir noch etwas sagen, bevor du dich in dein Unglück stürzt. Du … ähm … schaust nicht so aus, wie die anderen.

Freak: Ja, ich weiß Mama. Ich bin nicht der größte und wir sind arm, weshalb wir uns keine teure Kleidung leisten können. Aber das macht nichts. Dann behaupte ich einfach, ich hätte mich als Zwerg verkleidet.

Helga: Mein Schatz, du ahnst ja nicht, wie passend das wäre. Was ich dir nämlich unbedingt sagen muss ist: Du bist häss…

Henry: Hallo! Störe ich?

Freak: Henry, schön dich zu sehen.

Helga: Henry … na toll, wie immer im richtigen Moment!

Henry: Entschuldigen Sie bitte vielmals, gnädige Frau, aber ich habe gute Nachrichten für ihren Sohn. Hier, ihre Antwort mein Freund!

Freak: Sie hat mir tatsächlich zurückgeschrieben? (liest den Brief) Und sie lädt mich tatsächlich offiziell zu ihrer Party ein? Ist das nicht toll, Mama?

Helga: Ja, ganz toll mein Schatz! Henry! Wie konntest du nur?

Henry: Gnädige Frau, ich …

Helga: Hör auf mit diesem "gnädige Frau". Wenn sich mein Kind in sein Unglück stürzt, wirst du die Verantwortung dafür tragen, haben wir uns verstanden?

Henry: Jawohl gnäd…

Freak: Ach Mama jetzt hör doch auf. Henry meint es doch nur gut mit mir. Ich werde meinen Spaß haben und sollte irgendetwas passieren, weiß ich, dass ich mich auf Henry verlassen kann. Nicht wahr, mein Freund?

Henry: Natürlich!

Freak: Siehst du, Mama. Du brauchst keine Angst zu haben. Ich bin alt genug, um meinen eigenen Weg zu gehen und die Welt dort draußen kennenzulernen. Ich muss mir mein eigenes Bild machen.

Helga: Aber die Welt ist grausam.

Freak: Wie kann die Welt grausam sein, wenn in ihr so ein hübsches Mädchen wohnt? Sie möchte ein Foto von mir haben. Henry, was ist das?

Henry: Na ein Bild von dir. Das hast du doch, oder?

Freak: Mama? Hast du ein Foto von mir?

Helga: Ich … äh … mein Schatz … warte einen Augenblick, ich hole ein Bild von dir. Vielen Dank Henry, das hast du ganz toll gemacht!

Henry: Es tut mir leid. Ich wollte ihnen keine Unannehmlichkeiten bereiten, gnädig….

Helga: (holt aus ihrer Tasche ein Foto) Halte bitte einfach den Mund, ja? Henry?

Henry: Was immer Sie wünschen.

Freak: Wow, das bin ich, Mama?

Henry: Aber das ist doch …

Helga: Henry, ich sagte, du sollst den Mund halten!

Henry: Schon gut.

Helga: Natürlich mein Schatz. Das bist du. Das Foto ist zwar schon ein bisschen älter, aber du bist noch immer gut zu erkennen.

Freak: Ich sehe wirklich gut aus. Da wird sweet princess aber staunen. Danke Mama!

Helga: Schon gut, mein Schatz.

Freak: So und jetzt bringst Du bitte sweet princess mein Foto und richtest ihr aus, dass sie mich an meinem Kostüm erkennen wird.

Henry: Als was wirst du dich verkleiden, mein Freund?

Freak: Als Zwerg.

Henry: Wie passend!

Freak: Ja, das hat Mama auch gesagt. Und jetzt los, Henry. Wir wollen doch meine Prinzessin nicht warten lassen.

Henry: Natürlich nicht, mein Freund. Wir sehen uns also in einer Woche bei der Party.

Freak: Darauf kannst du dich verlassen.

Helga: Das nimmt kein gutes Ende.

Mutter und Freak ab. Henry zurück zu Paris. Bevor er in das Zimmer tritt, stürmen die Freundinnen herein.

Szene 6: Das Foto

Mandy, Sandy & Candy, Henry und Paris.

Mandy: Aaaaaaaah, stimmt das, was man sich erzählt?

Sandy: Natürlich stimmt das. Seht doch nur, sie grinst wie ein Honigkuchenpferd.

Candy: So viel Glück ist ja schon fast eklig.

Paris: Jetzt brüllt nicht so herum und macht die Tür zu. Es muss ja nicht das ganze Haus mithören und schon erst recht nicht meine Mutter.

Sandy: Paris hat einen Verehrer, Paris hat einen Verehrer.

Paris: Hör auf, das ist doch kindisch.

Mandy: Paris hat einen sehr charmanten Verehrer.

Sandy: Verliebt, verlobt, verheiratet.

Paris: Ihr seid so albern. Aufhören hab ich gesagt.

Sandy: Verliebt, verlobt, verh… (Paris hält ihr den Mund zu)

Candy: Wir wollen doch nichts überstürzen. Weißt du denn schon, wie er aussieht?

Paris: Nein, keine Ahnung.

Mandy: Ach, ist das romantisch. Ein Blind Date.

Sandy: Da bist du aber ganz schön mutig. Was, wenn Reinhardt dahinter steckt?

Candy: Bäh, Reinhardt. Wenn er diesen Brief geschrieben hat, will ich ihn aber nicht angreifen.

Sandy: Reinhardt kann doch gar nicht schreiben!

Es klopft.

Paris: Herein.

Henry: Darf ich kurz stören, gnädiges Fräulein.

Paris: Natürlich, Henry. Komm nur herein, du störst doch nie. Vor allem, wenn du mir wieder etwas mitgebracht hast?

Henry: So ist es. Hier das Foto mit herzlichen Grüßen aus dem Märchenwald und der Ankündigung, dass euer Prinz als Zwerg verkleidet erscheinen wird. (Nachdem er ihr das Foto gegeben hat, geht Henry ab)

Candy: Als Zwerg? Haha, wie bescheuert ist das denn?

Sandy: Das ist ja albern.

Mandy: Jetzt hört doch mal mit dem Lästern auf und schaut euch mal das Foto an. Jemand, der so hübsch ist, kann sich verkleiden als was er will. Einen hübschen Menschen entstellt nichts, nicht wahr?

Paris: Und wie du Recht hast. Er sieht wirklich verdammt gut aus.

Candy: Lass mal sehen! Wow. Ich würde sagen, da hat jemand wirklich Glück gehabt. Das hätte auch übel ausgehen können.

Paris: Dass du auch immer alles so negativ sehen musst. Ich wusste sofort, dass er der Richtige für mich ist. Das Foto hätte ich gar nicht gebraucht.

Sandy: Aber damit bist du auf der absolut sicheren Seite.

Mandy: Ich freu' mich so für dich. Das wird die beste Party unseres Lebens und wer weiß, vielleicht heißt es danach doch:

Alle 3 Freundinnen gemeinsam: Verliebt, verlobt, verheiratet!

BLACK - UMBAU AUF PARTY

Alle folgenden Szenen spielen im "Party-Raum".

Szene 7: Die Vorbereitungen

Präsidentin (P), Mrs. Miller (MM), Paris

P: Mrs. Miller! Mrs. Miller!

MM: Ja? Sie haben mich gerufen, gnädige Frau?

P: Natürlich, oder kennst Du sonst noch jemanden, der Mrs. Miller heißt?

MM: Nein, gnädige Frau, natürlich nicht.

P: Ich wollte mit Ihnen noch schnell die letzten Einzelheiten für die Party besprechen, bevor die ersten Gäste kommen. Sagen Sie mir doch noch mal schnell die Speisenfolge für das große Gala-Dinner zu Beginn.

MM: Das würde ich sehr gern tun, gnädige Frau, wenn es denn ein Gala-Dinner geben würde.

P: Mrs. Miller, was soll das heißen?

MM: Henry hat auf Geheiß ihrer Tochter ein 10 Meter langes Buffet geordert, das alle Speisen enthält, mit denen ihre Tochter die Gäste verwöhnen möchte.

P: Henry?

MM: Jawohl, Henry.

P: Und wie ist es möglich, Mrs. Miller, das Henry etwas organisieren kann, ohne dass ich davon Bescheid weiß?

MM: Ich weiß auch nicht, gnädige Frau.

P: Ach so, Sie wissen also auch nicht. Das ist nicht akzeptabel, Mrs. Miller. Wenn Sie weiterhin in meinem Haus arbeiten möchten, sollten Sie dringend darauf achten, dass Henry in Zukunft solche Späße lässt.

MM: Jawohl, gnädige Frau. Ich werde mich sofort darum kümmern.

P: Dann also zurück zum Buffet. Welche Speisen werden wir heute unseren Gästen offerieren?

MM: Pizza, Burger, Pommes, Tiramisu, Muffins, faschierte Leibchen, Toast Haw…

P: Genug, Mrs. Miller. Mir wird schon vom Zuhören ganz schlecht. Gibt es irgendeine Möglichkeit, dieses Fiasko noch aufzuhalten?

MM: Ich fürchte nicht, gnädige Frau. Die Lieferanten stehen bereits in der Einfahrt.

P: Das ist eine Unverschämtheit. Eine Unverschämtheit, jawohl. Paris? Paris! Paris, komm sofort herunter! Sofort!

Paris: Was willst du denn jetzt schon wieder, Mutter? Siehst du nicht, dass ich mich gerade für meine Party fertig mache? Ich bin schon viel zu spät dran, also fass dich kurz.

MM: Gnädiges Fräulein, Sie sollten gegenüber Ihrer Mutter einen anderen Ton anschlagen.

Paris: Millerchen, ich spreche mit meiner Mutter wie ich möchte und Sie halten die Klappe, verstanden?

MM: Unverschämtheit.

Paris: So, Mama, spuck's aus, was du nicht länger zurückhalten kannst, damit ich endlich meine Haare fertig stylen kann. Es gibt schließlich wichtigere Dinge als eine banale Konversation, wie du es immer nennst.

P: Mein Kind: Mrs. Miller hat mir soeben die Speisen fürs Buffet mitgeteilt.

Paris: Ja und?

P: Die Party findet im Haus der Präsidentin statt. Findest du Burger und Pizza wirklich diesem Ambiente angemessen? Das können wir unseren Gästen doch nicht zumuten!

Paris: Es ist meine Party, es sind meine Gäste und welches Essen ich meinen Gästen zumute oder nicht, bleibt immer noch mir überlassen. Ich habe mit Henry alles arrangiert, du musst dich um nichts mehr kümmern, Mutter. Zieh dich einfach in dein Büro zurück und verhalte dich unauffällig, bis die Party vorbei ist. War das alles, was du mir mitteilen wolltest?

P: Ja und außerdem …

Paris: Und nichts außerdem. Sollte es etwas tatsächlich Wichtiges sein, kannst du es mit Henry bereden. Ich bin in den nächsten zwei Stunden für niemanden mehr zu sprechen. Bis morgen also, Mutter!

P: Wie konnte das nur passieren? Mein eigenes Kind hat weder Respekt noch Manieren. Mrs. Miller, Sie haben anscheinend bei der Erziehung meiner Tochter so einiges falsch gemacht. Erinnern Sie mich daran, wenn ich Ihr nächstes Gehalt zahlen muss.

MM: Sehr wohl, gnädige Frau.

Szene 8: Vor der Party

Präsidentin (P), Mrs. Miller (MM), Spice Girls (Baby, Posh, Spice), Freundinnen (Mandy, Sandy, Candy), Henry

Es klingelt. Mrs. Miller lässt die Spice Girls herein.

MM: Ja bitte? Sie wünschen?

Baby: Hallo, soll hier die Party steigen?

MM: Ja, aber die ist nur für geladene Gäste. Darf ich ihre Einladung sehen.

Posh: Einladung? Wie bescheuert ist die denn?

MM: Entschuldigen Sie bitte, meine Damen, aber ohne Einladung kein Einlass.

Spice: Wissen Sie denn nicht, wer wir sind? Wir brauchen keine Einladung.

MM: Nein, tut mir leid. Strikte Anweisung: Ohne Einladung kein …

P: Aber Mrs. Miller, das sind die Spice Girls, die kenn' ja sogar ich. Entschuldigen Sie bitte vielmals. Die Bediensteten sind auch nicht mehr das, was sie einmal waren. Ein kleines Missverständnis, nicht wahr, Mrs. Miller?

MM: Ach das tut mir jetzt aber wirklich leid, ich habe sie nicht erkannt.

P: Mrs. Miller, erinnern Sie mich bei der nächsten Lohnauszahlung auch an diesen Vorfall. Ich habe so ein Gefühl, dass Sie mich in diesem Monat sehr günstig kommen werden.

MM: Sehr wohl, gnädige Frau.

P: Aber jetzt kommen Sie doch bitte herein, meine Damen. Mrs. Miller wird sich umgehend um ihr Gepäck kümmern. Mrs. Miller!

MM: Jawohl, sofort. (Mrs. Miller ab)

P: Kann ich ihnen sonst noch etwas Gutes tun? Mein Haus steht ganz zu Ihrer Verfügung und meine Bediensteten werden all ihre Wünsche erfüllen. Sollte es doch einmal ein Problem geben, so wenden sie sich vertrauensvoll an mich. Ich werde die gesamte Party anwesend sein.

Posh: Da Sie es gerade ansprechen: Ich halte nichts von Spiegeln, die unter 3,5 Meter sind. Üblicherweise befinden sich in Haushalten wie dem ihren nur Spiegel in einer Höhe von 2,78 Meter. Das ist eindeutig unter meinem Niveau. Das verstehen Sie sicher.

P: Natürlich. Ich werde mich umgehend darum kümmern und veranlassen, dass ihr Zimmer mit passenden Spiegeln ausgestattet wird.

Posh: Dankeschön.

Baby: Ich hätte auch noch eine Kleinigkeit, wenn wir schon dabei sind.

P: Ja bitte?

Baby: Ich bin Veganerin. Was das heißt, muss ich einer gebildeten Frau wie Ihnen ja hoffentlich nicht erklären.

P: Aber nein, das wäre ja auch zu lächerlich.

Baby: Sehr schön. Dann kann ich davon ausgehen, dass ich in meinem Zimmer für mich verträgliches Essen vorfinden werde. Sie müssen wissen, ich bin nach einem Auftritt furchtbar hungrig und werde ganz unausstehlich, wenn ich nicht sofort etwas zu essen bekomme.

P: Das wollen wir doch auf keinen Fall riskieren. Ich werde mich auch umgehend darum kümmern.

Baby: Vielen Dank.

P: Kann ich sonst noch etwas für sie tun?

Spice: Doch, jetzt fällt mir auch noch etwas ein.

P: Das hatte ich befürchtet.

Spice: Ein sauberes Bett.

P: Bitte?

Spice: Ich hätte gerne ein sauberes Bett.

P: Aber das ist doch selbstverständlich. Also wenn in meinem Haus die Betten schmutzig wären, würde ich lieber freiwillig in den Wald ziehen, als noch einen Tag länger in diesem Haus zu verbringen.

Spice: Nachdem ich nicht davon ausgehe, dass Sie im Wald überleben würden, freue ich mich auf eine erholsame Nacht.

Baby: Wo können wir uns denn für unseren Auftritt umziehen?

P: Hier im Nebenzimmer, meine Damen. Ich zeige es ihnen.

Posh: Vielen Dank.

Die Spice Girls gehen ab. Mrs. Miller kommt zurück.

P: Mrs. Miller?

MM: Ja, gnädige Frau?

P: Unsere weltberühmten Gäste haben Wünsche geäußert, um die sie sich unverzüglich kümmern müssen.

MM: Natürlich.

P: Erstens: Wir brauchen Spiegel in der Höhe von 3,5 Meter. Zweitens: Lassen sie in das Zimmer veganische Speisen bringen und drittens:

MM: Veganische Speisen?

P: So etwas ähnliches wie Rührei mit Speck!

MM: Ach so.

P: Und drittens: Reinigen sie sofort sämtliche Betten.

MM: Noch mal? Sie haben doch selbst die Anweisung gegeben, auf Putzen zu verzichten, wenn es nicht unbedingt notwendig ist.

P: Da haben Sie auch Recht. Was würde ich nur ohne Sie machen, Mrs. Miller?

MM: Aber nicht doch, Frau Präsidentin. Ein einfaches Dankeschön genügt.

P: Jaja, und jetzt kümmern sie sich gefälligst um die Spiegel. Das komische Veganer-Essen bringe ich selbst hinauf, da überlasse ich nichts dem Zufall.

MM: Sehr wohl, gnädige Frau.

Beide ab. Auftritt Freundinnen und Paris. Henry kommt dazu.

Candy: Du siehst so toll aus, Paris.

Mandy: Wunderschön.

Sandy: Gegen dich schauen unsere Kostüme ziemlich schäbig aus.

Paris: Tja, das war auch der Plan.

Candy: Da ist ja heute jemand in bester Laune. Das wird die Party des Jahres.

Mandy: Des Jahrhunderts.

Sandy: Des Jahrtausends.

Paris: Ihr seid doch verrückt. Jetzt lasst uns aber die Gäste reinholen, bevor sie noch vor der Türe einfrieren. Henry? Henry!

Henry: Sie haben gerufen, gnädiges Fräulein? Sie sehen wirklich bezaubernd aus!

Paris: Vielen Dank, Henry. Ich möchte, dass du am heutigen Abend den Gästen die Tür öffnest und sie in den Saal begleitest. Ich möchte nämlich ganz sicher gehen, dass dreamboy mich sofort findet.

Henry: Darum kümmere ich mich sehr gerne, verehrte Prinzessin.

Szene 9: Let's get the party started

DJ Fantastic, Spice Girls, Paris, Freundinnen, Henry, Freak + Gäste.

Diener 1 öffnet die Tür und sämtliche Partygäste strömen herein, allen voran der DJ.

DJ: Hey, hey, hey. Wo ist die Party?

Alle: Hier ist die Party!

DJ: Wo ist die Party?

Alle: Hier ist die Party!

DJ: Kurz mal Stopp: Wo sind meine Kopfhörer? Ich kann erst weitermachen, wenn ich weiß, wo meine Kopfhörer sind.

Alle: Am Kopf!

DJ: Ach ja. Dankeschön!

Alle: Bitteschön!

DJ: Und nun begrüßt mit mir die wunderbaren, die wundervollen, die wunderschönen … Spice Girls!

Auftritt Spice Girls. Musik startet und alle im Saal tanzen – zuerst durcheinander und dann choreographiert. Im Hintergrund sieht man, wie Henry dem Freak die Tür öffnet und ihn in den Saal führt. Der Freak tanzt sofort mit. Sein individueller Tanzstil fällt auf, und es wird ein Halbkreis um ihn gebildet. Alle Gäste beklatschen und bejubeln ihn. Gegen Ende des Liedes tanzt sich Paris an den Freak heran.

Paris: Bist du dreamboy?

Freak: Bist du sweet princess?

Paris: Ich bin so froh, dass du gekommen bist. Du tanzt super und dein Kostüm ist absolut spitzenmäßig.

Freak: Vielen Dank, du siehst aber auch gut aus.

Paris: Danke schön.

Das Lied ist zu Ende und alle stimmen gemeinsam "Happy Birthday" an. Am Ende fallen sich die Tochter und der Freak in die Arme und alle klatschen.

Candy: So, dreamboy, und jetzt nimm endlich diese wirklich absolut bescheuerte Maske ab, damit jeder sehen kann, wie hübsch du bist.

Freak: Maske? Ich verstehe nicht ganz.

Sandy: Na das, was du da auf deinem Gesicht trägst. Das ist wirklich super komisch, aber auch ziemlich hässlich.

Mandy: Na komm schon. Paris will doch bewundert werden, was für einen hübschen Verehrer sie hat, nicht wahr, Paris?

Paris: Ja, schon. Also, dreamboy: Würdest du bitte für mich deine Maske lüften, damit ich mir meinen Geburtstagskuss holen kann?

Freak: Aber ich trage keine Maske!

Candy: Das ist doch jetzt ein schlechter Witz!

Freak: Nein, wirklich. Ihr müsst mir das glauben, bitte. Sweet Princess, ich trage keine Maske. Das ist mein Gesicht.

Alle: Was?

Freak: Aber ja. Du kennst es doch schon von meinem Foto.

Paris: Oh nein, das Gesicht auf dem Foto hat total anders ausgesehen. Das Gesicht auf dem Foto war hübsch, sehr hübsch und du bist … du bist … du bist einfach nur hässlich.

Freak: Ich bin was?

Candy: Hörst du schlecht? Sie sagte, dass du hässlich bist.

Mandy: Abstoßend, ekelhaft.

Sandy: Einfach nur schiach!

Freak: Hässlich? Abstoßend? Ekelhaft? Henry? Henry?

Henry: Was ist denn passiert, mein Freund?

Freak: Bitte bring mich nach Hause. Ich verstehe die Menschen hier nicht. Sie sagen, ich sei hässlich! Stimmt das, Henry?

Henry: So würde ich es nicht unbedingt ausdrücken.

Freak: Lüg mich nicht an. Du und Mama, ihr habt mich schon so lange angelogen. Sag mir die Wahrheit! Bin ich …

Henry: Hässlich? Ja! Mein lieber Freund, du bist hässlich. Ich habe noch nie einen Menschen gesehen, der so dermaßen hässlich ist wie du. Es tut mir wirklich leid, mein Freund. Aber dein gutes Wesen überstrahlt diese Hässlichkeit, sodass du für jeden schön bist, der dich nur ein wenig besser kennt.

Freak: Ich muss es sehen. Ich muss mein Gesicht sehen. Sofort.

Henry: Das solltest du dir nicht antun. Lass es gut sein. Ich bringe dich nach Hause, wo alles gut ist und wo ein Mensch auf dich wartet, der dich liebt und dem egal ist, wie du aussiehst.

Freak: Nein, nein, nein. Ich muss es sehen!

In diesem Moment zieht Mrs. Miller einen riesengroßen Rahmen durch den Saal, der als Spiegel zu erkennen ist.

MM: Entschuldigung, Henry. Darf ich bitte mal durch. Dieser Spiegel muss dringend zu den Spice Girls.

Freak: Lass den Spiegel sofort stehen.

MM: Nein, das geht aber nicht, der muss in das Zimmer.

Freak: Nein, sag ich. Der Spiegel bleibt hier, wenn es sich hierbei um den Rahmen handelt, der einem das eigene Gesicht verrät.

MM: Ja, stimmt schon. Wenn du hineinschaust, siehst du dein Gesicht. Ich würde in deinem Fall allerdings davon abraten.

Freak: Das lass meine Sorge sein.

Mrs. Miller stellt den Spiegel in der Mitte der Bühne ab, sodass die Anzahl der Gäste genau geteilt wird. Jeder hat nun einen Gegenüber, der sein Spiegelbild darstellt.
Freak und Tochter spiegeln sich gegenseitig, wobei eindeutig der Freak hierbei die Führung hat. Während dieses Spiels beginnt Paris leise mit den Worten:

Paris: Du bist so hässlich. Du bist so hässlich. Du bist so hässlich.

Langsam steigen alle anderen Gäste mit ein in den Text, der immer lauter wird. Wenn die Lautstärke ihren Höhepunkt erreicht hat, wird es plötzlich ganz still und das Spiel friert ein. In der Stille tritt der Freak nach vorne, während alle anderen im Raum wie eingefroren stehen bleiben.

Freak: Ich bin hässlich und deshalb unwert, auch nur einen Moment länger in dieser Welt zu leben. Niemand hat es verdient, auch nur einen Moment länger die gleiche Luft atmen zu müssen wie ich. Ich bin ein Unmensch, aber ich werde euch nicht länger damit quälen. Ich erlöse euch.

Der Freak sinkt zu Boden und stirbt. Henry stürzt zu ihm und versucht, ihn wiederzubeleben, doch erfolglos. Während alle anderen noch wie versteinert da stehen, gehen die Spice Girls von der Bühne.

Posh: Tja, das war's dann wohl mit der Party, und nachdem dieser Spiegel nicht mal annähernd die von mir gewünschte Größe hat, möchte ich auch keine Minute länger in diesem Haus bleiben.

Baby: Gage gibt's aber trotzdem. Und für die Frechheit, dass einer Veganerin Rührei mit Speck serviert wurde, gibt's noch mal einen extra Zuschlag.

Spice: Plus einem Schadenersatz von 15.000 Euro für die drei Haare in der Garderobe. Schließlich sind wir nicht niemand und man ist uns ein gewisses Niveau schuldig. Alles hat seinen Preis.

Beim Abgehen steigt ein Spice Girl nach dem anderen über den toten Freak am Boden.

Baby: Er scheint der einzige zu sein, der das verstanden hat.

Paris: Was hat er denn?

Henry: Paris, er ist tot! Er war nicht schön, aber er hatte ein reines Herz, das durch dich und deine Oberflächlichkeit gebrochen ist. Habt ihr nicht selbst gesagt: Nach seinem Brief hätte ich das Foto gar nicht mehr gebraucht. Ich wusste bereits in diesem Moment, das er der Richtige ist.

Paris: Anscheinend hab ich mich da wohl getäuscht.

Mandy: Das tut uns so leid für dich.

Sandy: Was für ein schlimmer Geburtstag.

Candy: Können wir dir etwas Gutes tun?

Paris: Ja. Ich habe nur eine Bitte, und die geht an alle in diesem Raum: Lasst niemanden mehr in meine Nähe, der ein Herz hat. Das verdirbt nur jede Party!

ENDE

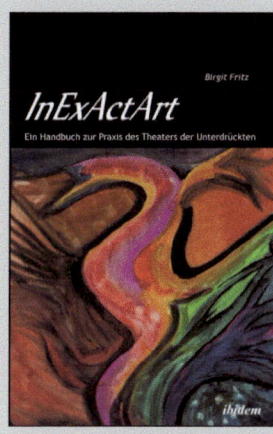

Birgit Fritz

InExActArt

Ein Handbuch zur Praxis des Theaters der Unterdrückten

Unter Mitwirkung von Julian Boal, Barbara Santos, Hector Aristizabal, Sanjoy Ganguly und Ralph Yarrow

340 Seiten, Paperback. **€ 24,90**
ISBN 978-3-8382-0223-5

Jens Clausen, Harald Hahn, Markus Runge (Hrsg.)

Das Kieztheater: Forum und Kommunikation für den Stadtteil

€ 19,90
ISBN 3-89821-985-3

Michael Hüttler

Unternehmenstheater - vom Theater der Unterdrückten zum Theater der Unternehmer?

€ 22,00
ISBN 3-89821-508-3

Dieses Praxisbuch stellt einerseits eine umfassende Orientierungshilfe für die Welt des *Theaters der Unterdrückten* dar, andererseits gibt Birgit Fritz konkrete und sehr praxisnahe Hilfsmittel an die Hand, um beispielsweise einen Basisworkshop für prozessorientierte Theaterarbeit zu gestalten oder um *Forumtheater*-Stücke zu entwickeln.

Birgit Fritz geht ausführlich auf die Arbeitsprinzipien der emanzipatorischen Theaterarbeit und des somatischen Lernens ein, stellt zahlreiche Beispiele für das Leben und die Arbeit von Theatergruppen vor und zeigt faszinierende Möglichkeiten auf, wie das *Theater für sozialen Wandel* erfolgreich mit gesellschaftlichem und politischem Engagement verbunden werden kann, um so mit künstlerischen Mitteln eine generationenübergreifende, energetisch-friedliche und demokratische gesellschaftliche Entwicklung zu bewirken und zu fördern.

„Mit ihrem Werk ‚InExActArt. Ein Handbuch zur Praxis des Theaters der Unterdrückten' gibt Birgit Fritz ein – wie der Titel schon sagt – für die Praxis verwendbares Buch heraus. Liebevoll führt sie den Leser, die Leserin in die Thematik ein, gibt ihre persönliche Motivation preis und versucht mit einfachen, klaren Worten jeden für das Theater der Unterdrückten zu begeistern."

Südwind, 10/2011

Weitere Informationen zu den "Berliner Schriften zum Theater der Unterdrückten" unter
www.ibidem-verlag.de/red/tdu/

ibidem-Verlag

Melchiorstr. 15

D-70439 Stuttgart

info@ibidem-verlag.de

www.ibidem-verlag.de
www.ibidem.eu
www.edition-noema.de
www.autorenbetreuung.de